중국 고전 명시 명문 감상

中國 古典 名詩 名文 鑑賞

중국 고전 명시 명문 감상

中國 古典 名詩 名文 鑑賞

인　쇄　2023년 2월 21일
발　행　2023년 2월 25일

저　자　김경국
발행인　정성택
발행처　전남대학교출판문화원

등　록　1981. 5. 21. 제53호
주　소　61186 광주광역시 북구 용봉로 77
전　화　(062) 530-0571~2 마케팅 530-0573
팩　스　(062) 530-0579
홈페이지　http://www.cnup.co.kr
이메일　cnup0571@hanmail.net

값 15,000원

ISBN 978-89-6849-937-1 (93820)

중국 고전 명시 명문 감상

中國 古典 名詩 名文 鑑賞

김경국 저

전남대학교출판문화원

머리말

중국문학에 있어서 "시문(詩文)"은 시가(詩歌)와 산문(散文)을 통칭하는 말이다. 즉 시(詩)·사(詞)·사(辭)·문장(文章)·명구(名句)·부(賦)·곡(曲)·가(歌)·격언(格言) 등의 작품을 모두 시문(詩文)이라 할 수 있다.

이 "시문(詩文)"에 대해서는 세 가지 해석이 가능한데, 첫째 시문은 곧 시가(詩歌)라는 주장, 둘째 시문은 시가(詩歌)와 문장(文章)이라는 주장, 셋째 시문은 일체의 문학체재(文學體裁)를 지칭한다는 주장 등이다. 하지만 일반적으로 시문(詩文)은 시가(詩歌)와 산문(散文) 등의 문학작품을 의미한다고 말할 수 있다.

중국고전시가는 《시경(詩經)》과 《초사(楚辭)》에서 유래한다. 《시경》은 중국에서 가장 오래된 시가총집(詩歌總集)으로 모두 305편의 시가 실려 있으며, 예로부터 《시(詩)》 또는 《시삼백편(詩三百篇)》으로 불려진다. 《시경》의 시는 내용상으로 보면 "풍아송(風雅頌)" 세 가지로 나눌 수 있고, 표현수법으로 보면 "부비흥(賦比興)" 세 가지로 나눌 수 있다. 그리고 이 "풍아송(風雅頌)"과 "부비흥(賦比興)"을 합하여 《시경》의 "육의(六義)"라고 한다.

초사(楚辭)는 기원전 4세기에 초(楚)나라에서 출현한 새로운 시체(詩體)로서, 한대(漢代)에 이르러 굴원(屈原)과 송옥(宋玉) 등이 지은 작품들을 모아 한 권의 책으로 만든 다음, 이를 《초사(楚辭)》라 불렀다. 《초사(楚辭)》는 《시경(詩經)》의 사자구(四字句)에서 벗어나 오언구(五言句)와 칠언구(七言句)를 발전시킴으로써 작자의 사상 감정을 더욱 섬세하게 표현하였고, 운율(韻律)과 절주(節奏)로 음악성을 풍부하게 하였다.

한편 넓은 의미로 보는 중국고전산문은 운문(韻文)과 변문(騈文)에 비해 상대적으로 압운(押韻)을 하지 않고 대구(對句)를 중시하지 않는 산체문장(散體文章)을 말하는데, 여기에는 경전사서(經典史書)의 문장들이 모두 포함된다.

본서는 크게 제1편 "중국고전명시 감상"과 제2편 "중국고전명문 감상"으로 구성되어 있다. 먼저 "중국고전명시 감상"의 주요 내용을 살펴보면 다음과 같다. 제1편은 《고시십구수(古詩十九首)》 중 10수, 항우(項羽)의 해하가(垓下歌), 유방(劉邦)의 대풍가(大風歌), 조씨(曹氏) 삼부자(三父子)인 조조(曹操)의 단가행(短歌行), 조비(曹丕)의 연가행(燕歌行), 조식(曹植)의 칠보시(七步詩), 도연명(陶淵明)의 사시(四時)·음주(飮酒)·책자(責子)·잡시(雜詩)·의고(擬古)·귀원전거(歸園田居)·의만가사(擬挽歌辭), 사령운(謝靈運)의 등여산절정망제교(登廬山絕頂望諸嶠), 하지장(賀知章)의 회향우서(回鄉偶書)·영유(詠柳), 왕지환(王之渙)의 등관작루(登鸛雀樓), 최호(崔顥)의 황학루(黃鶴樓), 이백(李白)의 장진주(將進酒) 등 15수, 두보(杜甫)의 춘망(春望) 등 5수, 왕유(王維)의 종남별업(終南別業)·서사(書事)·산거추명(山居秋暝), 맹호연(孟浩然)의 춘효(春曉)·망동정호증장승상(望洞庭湖贈張丞相), 맹교(孟郊)의 유자음(游子吟), 가도(賈島)의 제이응유거(題李凝幽居)·검객(劍客), 두목(杜牧)의 청명(淸明)·박진회(泊秦淮)·산행(山行), 이상은(李商隱)의 야우기북(夜雨寄北)·금슬(錦瑟), 창당(暢當)의 등관작루(登鸛雀樓), 조변(趙抃)의 차운공헌봉래각(次韻孔憲蓬萊閣), 소식(蘇軾)의 제서림벽(題西林壁)·해시시병서(海市詩竝序), 이조충(李祚忠)의 봉래원조(蓬萊遠眺), 황종희(黃宗羲)의 달봉기유(達篷紀游), 팽손휼(彭孫遹)의 추일등등왕각(秋日登滕王閣) 등이다.

다음으로 "중국고전명문 감상"의 주요 내용을 살펴보면 다음과 같다. 갈관자(鶡冠子)의 위문후문편작(魏文侯問扁鵲), 굴원(屈原)의 어부사(漁父辭), 열자(列子)의 고산유수(高山流水), 진수(陳壽)의 화타어오보(華佗語吳普), 제갈량(諸葛亮)의 출사표(出師表), 왕희지(王羲之)의 난정집서(蘭亭集序), 도연명(陶淵明)의 도화원기(桃花源記)·귀거래사(歸去來辭), 왕발(王勃)의 등왕각서(滕王閣序), 이백(李白)의 춘야연도리원서(春夜宴桃李園序), 유우석(劉禹錫)의 누실명(陋室銘), 한유(韓愈)의 사설(師說), 유종원(柳宗元)의 포사자설(捕蛇者說), 범중엄(范仲淹)의 악양루기(岳陽樓記), 구양수(歐陽修)의 취옹정기(醉翁亭記), 소식(蘇軾)의 전적벽부(前赤壁賦), 요내(姚鼐)의 등태산기(登泰山記) 등 총 17편이다.

아무튼 본서를 통해서 많은 사람들이 중국고전시가와 중국고전산문을 이해하는데 조그마한 도움이 되기를 바라는 마음이다.

끝으로 본서의 출판을 위해 많은 도움을 주신 전남대학교 당국과 전남대학교출판문화원 관계자 분들께도 이 자리를 빌려 깊은 감사의 마음을 전한다.

癸卯年 立春節

著者 謹識

목차

제1편

중국 고전 명시 감상

제2편

중국 고전 명문 감상

제1편

중국 고전 명시 감상

1. 고시십구수(古詩十九首)[1]

1) 행행중행행(行行重行行)[2]

行行重行行, 與君生別離.
相去萬餘里, 各在天一涯.
道路阻且長, 會面安可知.
胡馬依北風, 越鳥巢南枝.

---

1) 《고시십구수(古詩十九首)》는 한(漢)나라 초기에 유행했던 악부고시(樂府古詩)가 오언시(五言詩)로 바뀐 것으로, 남조(南朝) 소통(蕭統)의 《문선(文選)》에 실려 있다. 고시19수는 시어(詩語)가 소박하고 생동감이 넘치며 자연스런 예술풍격을 나타내기 때문에 유협(劉勰)은 《문심조룡(文心雕龍)》에서 "오언시의 으뜸[五言之冠冕]"이라고 칭송했다. 고시19수의 제목을 보면 《행행중행행(行行重行行)》·《청청하반초(青青河畔草)》·《청청능상백(青青陵上柏)》·《금일양연회(今日良宴會)》·《서북유고루(西北有高樓)》·《섭강채부용(涉江采芙蓉)》·《명월교야광(明月皎夜光)》·《염염고생죽(冉冉孤生竹)》·《정중유기수(庭中有奇樹)》·《초초견우성(迢迢牽牛星)》·《회거가언매(回車駕言邁)》·《동성고차장(東城高且長)》·《구거상동문(驅車上東門)》·《거자일이소(去者日以疏)》·《생년불만백(生年不滿百)》·《늠름세운모(凜凜歲雲暮)》·《맹동한기지(孟冬寒氣至)》·《객종원방래(客從遠方來)》·《명월하교교(明月何皎皎)》 등이다.

2) 《행행중행행(行行重行行)》은 고시19수 가운데 첫 번째 작품이다. 이 시는 부인이 멀리 객지에 있는 남편을 그리워하고 염려하는 마음을 노래하고 있다.

相去日已遠，衣帶日已緩.
浮雲蔽白日，遊子不顧反.
思君令人老，歲月忽已晩.
棄捐勿復道，努力加餐飯.

가고 가고 또 가고 가니
그대와 생이별이로다

서로 만 여리나 떨어져
각자 하늘 끝에 있도다

길은 멀고 험하여
만날 날을 알 수가 없네

북녘의 말은 북풍에 몸을 의지하고
남녘의 새는 남쪽 가지에 깃든다네

서로 헤어진 지 이미 오래되어
여윈 나머지 허리띠조차 느슨하구나

뜬 구름이 해를 가리우니
길 떠난 나그네는 돌아올 줄 모르네

그대 생각에 심신은 지쳐 가는데
시간이 흘러 어느 덧 한 해가 저무는구나

내버려두고 다시 말하지 말라
원컨대 끼니 거르지 말고 몸 보중하시라

주해

- 행행중행행(行行重行行) : 가고 가고 또 가고 가다.
  '중(重)'은 '다시'·'또한'의 뜻이다.
  일설에는 "行行復行行"으로 되어 있다.
- 생별리(生別離) : 생이별. "영별리(永別離)"와 같다.
- 상거(相去) : 서로 떨어지다. 서로 헤어지다.
- 애(涯 yá) : 끝. 가.
- 조(阻 zǔ) : 험하다. 길이 막히다. 阻(험할 조)
- 안(安) : 어찌. 일설에는 "기(期)"로 되어 있다.
- 호마(胡馬) : 북방에서 태어난 말.
- 의(依) : 의지하다. 그리워하다.
  일설에는 "시(嘶)"로 되어 있다.
- 월조(越鳥) : 남방에서 태어난 새.
- 이(已) : "이(以)"와 같다.
- 완(緩 huǎn) : 느슨하다. 緩(느슨할 완)
- 반(反) : 돌아오다. "반(返)"과 같다.
- 기연(棄捐) : 버리다. 포기하다. 棄(버릴 기) 捐(버릴 연)
- 부(復) : 다시. 재차. '재(再)'와 같다. 復(다시 부)
- 도(道) : 말하다. 道(말할 도)

2) 청청하반초(靑靑畔草)[3)]

靑靑河畔草, 鬱鬱園中柳.
盈盈樓上女, 皎皎當窗牖.
娥娥紅粉妝, 纖纖出素手.
昔爲倡家女, 今爲蕩子婦.
蕩子行不歸, 空床難獨守.

푸르고 푸른 물가의 풀
무성하게 우거진 정원의 버들

누대 위의 아름다운 여인
교교한 달빛처럼 창가에 기대어 서있네

붉은 단장을 한 채
가늘고 흰 손을 들어 저 멀리 낭군을 가리키네

예전에는 청루(靑樓)의 여자였으나
지금은 길 떠난 나그네의 아내가 되었네

---

3) 《청청하반초(靑靑河畔草)》는 고시19수 가운데 두 번째 작품이다. 이 시는 부인이 부부애를 갈망함과 동시에 부부 끼리 서로 의지하고 공경해야 하는 마음을 노래하고 있다.

나그네는 멀리 떠나 돌아오지 않으니
홀로 빈 침상을 지키기 어렵구나

주해

- 욱욱(郁郁) : 무성한 모양. 郁(성할 욱)
- 영영(盈盈) : 아름다운 모습. 盈(찰 영)
《옥대신영(玉台新咏)·고악부(古乐府)》에 "盈盈公府步, 冉冉府中趋."라고 했다. 《문선(文选)·고시(古诗)》에 대한 이선(李善)의 주(註)에 "《广雅》 曰 '嬴, 容也.''盈'与'嬴'同."라고 풀이했다.
- 교교(皎皎) : 교결하다. 결백하다.
- 유(牖, yǒu) : 창문.
- 아아(娥娥) : 여인의 사랑스런 모습을 형용하는 말. 《방언(方言)》에 "秦晋之间, 美貌谓之娥."라고 했다.
- 창가(倡家) : 음악과 가무에 종사하는 악인(樂人)을 말한다. 《설문(说文)》에 "倡, 乐也, 就是指歌舞妓."라고 했다.
- 탕자(荡子) : 길 떠난 나그네. 蕩(흩어질 탕)

3) 금일양연회(今日良宴會)[4)]

今日良宴會, 歡樂難具陳.
彈箏奮逸響, 新聲妙入神.

---

4) 《금일양연회(今日良宴会)》는 고시19수 가운데 네 번째 작품이다. 이 시는 가난한 선비가 뜻을 얻지 못한 비분강개(悲憤慷慨)함을 노래한 것이다.

令德唱高言，識曲聽其眞.
齊心同所願，含意俱未申.
人生寄一世，奄忽若飆塵.
何不策高足，先據要路津.
無爲守窮賤，轗軻長苦辛.

오늘은 좋은 잔칫날
그 즐거움을 이루 말할 수 없네

쟁을 타서 연주하니 곡조가 뛰어나고
변방 이민족의 악곡은 신묘하기 그지없네

덕이 뛰어난 자는 고담(高談)을 노래하고
곡조를 아는 자는 그 진의(眞意)를 헤아리네

곡조의 진의는 모두가 바라는 바이나
그 함의를 모두 드러낼 수 없네

인생은 나그네처럼 떠다니는 먼지와 같으니
문득 회오리바람 속의 티끌이 되어 흩어지네

어찌 남보다 먼저 민첩하게 움직여
요직을 차지하고 영화를 누리고 싶지 않겠는가

빈천 때문에 실의에 빠지고
뜻을 얻지 못해 오래도록 마음고생 하지 말라

주해

- 금일양연회(今日良宴會) : 일설에는 "금일양소회(今日良宵會)"로 되어 있다.
- 구진(具陳) : 하나하나 낱낱이 말하다.
  '진(陳)'은 '열(列)'과 같다.
- 분일(奮逸) : 평범하지 않은 음악.
- 신성(新聲) : 당시 유행하던 곡조.
  서북 지방에 사는 이민족들의 호악(胡樂)을 말한다.
- 영덕(令德) : 아름다운 덕을 지닌 사람.
  여기서는 음악을 이해할 줄 아는 사람을 말한다.
  '영(令)'은 '선(善)'과 같다.
- 창고언(唱高言) : 고담준론(高談峻論)을 논하다. '창(唱)'은 '창(倡)'과 같다.
- 진(眞) : 곡조 중의 진의(眞意).
- 제심(齊心) : 여기서는 곡조의 진의(眞意)를 말한다.
- 엄홀(奄忽) : 급히. 갑자기.
- 표진(飆塵 biāo chén) : 회오리바람 속에 흩날리는 먼지.
  짧고 부질없는 인생을 비유한 말이다.
- 책고족(策高足) : 재빨리 움직여 먼저 취하다.
  곧 민첩하게 움직여서 남들보다 먼저 목적을 달성한다는 뜻이다.
  '고족(高足)'은 '양마(良馬)'의 뜻이다.
- 거요로진(據要路津) : 중요한 위치를 차지하다.
  '노(路)'는 '노구(路口)'이고, '진(津)'은 '도구(渡口)'를 말한다.
- 궁천(窮賤) : 곤궁하다. '빈천(貧賤)'과 같다.
- 감가(轗軻 kǎn kě) : 곤경에 처하다. 뜻을 얻지 못하다.
  轗(가기 힘들 감) 軻(굴대 가)

4) 명월교야광(明月皎夜光)[5)]

明月皎夜光, 促織鳴東壁.
玉衡指孟冬, 衆星何歷歷.
白露霑野草, 時節忽復易.
秋蟬鳴樹間, 玄鳥逝安適.
昔我同門友, 高擧振六翮.
不念攜手好, 棄我如遺跡.
南箕北有斗, 牽牛不負軛.
良無盤石固, 虛名復何益.

휘영청 밝은 달이 밤하늘을 밝게 비추는데
귀뚜라미 소리 동쪽 담장 아래에서 울어댄다

북두의 옥형성(玉衡星)은 초겨울을 가리키는데
하늘의 뭇 별들은 얼마나 밝게 빛나는지

하얀 이슬방울이 들풀을 적시니
시절은 어느덧 가을로 바뀌었구나

---

5) 《명월교야광(明月皎夜光)》은 고시19수 가운데 일곱 번째 작품이다. 이 시는 가을밤의 풍경을 묘사하는 한편, 높은 벼슬에 오른 동문(同門)들의 비열한 태도를 날카롭게 풍자한 것이다.

가을 매미 나뭇가지 사이에서 울어대는데
제비는 어디로 날아가려나

옛날 나와 함께 공부하던 동문들은
모두 고관이 되어 높다란 날개를 떨치고 있네

그러나 예전의 우의를 생각지도 않고
나를 나그네 발자국처럼 저버리고 말았네

남기성과 북두성은 국자로 쓸 수 없고,
견우성도 멍에를 지울 수 없네

진실로 반석과 같은 견고함이 없으면
허명(虛名)이 또한 무슨 소용 있으랴

주해

- 교야광(皎夜光) : 밝은 달빛을 말한다.
  皎(밝은 달빛 교)
- 촉직(促織) : 귀뚜라미. 일명 '취직(趣織)'이라고도 한다.
  織(베짤 직)
- 옥형(玉衡) : 북두칠성 중의 다섯 번째에 해당하는 별 이름.
- 맹동(孟冬) : 초겨울.
- 역력(曆曆 lìlì) : 역력하다. 눈에 선하다.
- 부역(復易) : 다시 바뀌다. 곧 여름이 지나고 가을이 되었다는 말이다.
- 현조(玄鳥) : 제비.
- 고거(高擧 gāojǔ) : 높이 들다. 추켜들다.
- 육핵(六翮 liù hé) : 새의 날개죽지. 잘 나는 새는 여섯 개의 깃촉이 달려

있기 때문에 나온 말이다. 翮(깃촉 핵)

- 유수호(攜手好) : 환난을 함께 나눈 우의(友誼)를 말한다.
- 남기(南箕 nán jī) : 남기성(南箕星). 형상이 '파기(簸箕)'와 같기 때문에 나온 말이다. 簸(까부를 파) 箕(키 기)
- 북유두(北有鬥) : 북두성(北鬥星). 형상이 국자를 닮았기 때문에 나온 말이다.
- 견우(牽牛) : 견우성(牽牛星).
- 액(軛 è) : 멍에. 수레 앞의 횡목을 말한다. 軛(멍에 액)

5) 정중유기수(庭中有奇樹)[6]

庭中有奇樹, 綠葉發華滋.
攀條折其榮, 將以遺所思.
馨香盈懷袖, 路遠莫致之.
此物何足貴, 但感別經時.

뜰 안의 아름다운 나무
푸른 잎에 꽃송이가 만발하도다

나뭇가지 잡아당겨 그 꽃송이를 꺾어다
그리운 임에게 보내려 하네

---

6) 《정중유기수(庭中有奇樹)》는 고시19수 가운데 아홉 번째 작품이다. 이 시는 여인이 멀리 떨어져있는 임에 대한 그리움을 노래한 것이다.

꽃향기가 옷소매에 가득하나
길이 멀어 임에게 보낼 수 없네

이 꽃이 어찌 귀하리오만
다만 이별의 마음을 전하고 싶을 뿐

주해

- 기수(奇樹) : 아름다운 나무. '가목(嘉木)'과 같다.
- 영(榮) : 꽃. '화(花)'와 같다. 옛날에는 초본식물(草本植物)에서 핀 꽃을 '화(華)'라 하고, 목본식물(木本植物)에서 핀 꽃을 '영(榮)'이라 했다.
- 형향(馨香 xīn xīang) : 꽃향기. 馨(향기 형)
- 귀(貴) : 진귀하다. 일설에는 '공(貢)'으로 되어 있다.
- 별경시(別經時) : 이별한 후 지내온 시간을 말한다.

6) 초초견우성(迢迢牽牛星)[7]

迢迢牽牛星, 皎皎河漢女.
纖纖擢素手, 札札弄機杼.
終日不成章, 泣涕零如雨.
河漢淸且淺, 相去復幾許.
盈盈一水間, 脈脈不得語.

---

7) 《초초견우성(迢迢牽牛星)》은 고시19수 가운데 열 번째 작품이다. 이 시는 견우(牽牛)와 직녀(織女)의 슬픈 전설을 노래한 것이다.

저 멀리 밝게 빛나는 견우성
저 교교(皎皎)히 멀리 떨어져있는 직녀성

부드럽고 흰 손을 들어 올려
찰칵찰칵 한없이 베만 짜고 있네

종일토록 무늬를 이루지 못한 채
눈물이 비처럼 흘러내리네

은하수는 맑고도 얕은데
떨어진 거리가 얼마나 되리

맑은 은하수를 사이에 두고
서로 마주볼 뿐 말을 잇지 못하네

주해

- 초초(迢迢 tiáotiáo) : 멀리 있는 모양.
- 견우성(牽牛星) : 하고삼성(河鼓三星) 중의 하나.
  '우랑성(牛郎星)'이라고도 하며, 은하수 동쪽에 위치한다.
- 교교(皎皎) : 밝은 모양.
- 하한녀(河漢女) : 직녀성(織女星). '하한(河漢)'은 은하수를 말한다.
- 섬섬(纖纖 xiān xiān) : 가늘고 부드러운 모양.
- 탁(擢 zhuó) : 뽑다. 꺼내다.
  擢(뽑을 탁)
- 찰찰(札札 zhá zhá) : 의성어. 찰칵찰칵 베를 짜는 소리를 말한다.
- 저(杼 zhù) : 베틀의 북. 杼(북 저)
- 장(章) : 베의 무늬. 《시경(詩經)·소아(小雅)·대동(大東)》에 나온다.

- 체(涕 tì) : 눈물. 涕(눈물 체)
- 영(零) : 떨어지다.
- 기허(幾許) : 얼마나 멀겠는가.
- 영영(盈盈) : 물이 맑고 깨끗한 모양. 《문선(文選)》의 육신주(六臣注)에 : "盈盈, 端麗貌."라고 했다.
- 간(間 jiàn) : 떨어져있다.
  '간격(間隔)'의 뜻이다.
- 맥맥(脈脈 mòmò) : 정을 머금고 바라보는 모습. 일설에는 '묵묵(默默)'으로 되어 있다.

7) 거자일이소(去者日以疏)[8]

去者日以疎, 生者日以親.
出郭門直視, 但見丘與墳.
古墓犁爲田, 松栢摧爲薪.
白楊多悲風, 蕭蕭愁殺人.
思還故里閭, 欲歸道無因.

죽은 사람은 날이 갈수록 잊혀져가고
살아있는 사람은 날이 갈수록 친근해지네

---

8) 《거자일이소(去者日以疏)》는 고시19수 가운데 열네 번째 작품이다. 이 시는 난세를 만나 고향으로 돌아가지 못하는 처지와 세월의 무상함을 노래한 것이다.

성문을 나서 멀리 바라보니
다만 거친 언덕과 무덤뿐이로다

옛 무덤은 쟁기질로 논밭이 되었고
소나무 잣나무는 베어져 땔감이 되었네

백양나무에 슬픈 가을바람 불어오니
쓸쓸하고 처량한 소리에 시름만 깊어지네

객지 나그네 고향생각에 잠겨
돌아가려 해도 고향 길을 찾을 수 없구나

주해

- 거자(去者) : 떠난 자. 죽은 자.
- 소(疏) : 멀어지다. 소원(疎遠)해지다.
- 이(以) : '이(已)'와 통한다.
- 곽문(郭門) : 성문(城門).
  성문 밖을 '곽(郭)'이라 한다.
- 여(犁 lí) : 쟁기. 쟁기질하다.
- 최(摧 cuī) : 꺾이다. 베어지다.
- 백양(白楊) : 백양나무. 주로 무덤 사이에 심는다.
- 환(還) : 둘러싸다. 에워싸다. 곧 '환요(環繞)'의 뜻이다.
  '환(還)'은 '환(環)'과 통한다.
- 고이려(故里閭) : 옛 마을. '고거(故居)'와 같다.
  里(마을 리) 閭(마을 려)

8) 생년불만백(生年不滿百)[9]

生年不滿百, 常懷千歲憂.
晝短苦夜長, 何不秉燭遊.
爲樂當及時, 何能待來茲.
愚者愛惜費, 但爲後世嗤.
仙人王子喬, 難可與等期.

짧은 인생 백년도 채우지 못하는데
항상 천년의 근심을 품고 사네

낮은 짧고 괴롭게도 밤은 기니
어찌 촛불을 들고 밤에 노닐지 않으리

즐거움은 마땅히 때에 미쳐 누려야 하니
어찌 내년까지 기다릴 수 있겠는가

어리석은 자는 재물을 아끼다가
후세 사람들의 비웃음만 사고 마네

---

9) 《생년불만백(生年不滿百)》은 고시19수 가운데 열다섯 번째 작품이다. 이 시는 인생의 고단을 노래함과 동시에 부귀영화(富貴榮華)를 좇는 자들의 무지몽매(無知蒙昧)함을 풍자한 것이다.

왕자교는 학을 타고 날아가 신선이 되었는데
그런 기약은 어려운 법이라네

주해

- 병촉유(秉燭遊) : 긴 밤 내내 노니는 것을 말한다. 秉(잡을 병)
- 내자(來茲) : '내년(來年)'과 같다. 초목이 일 년에 한번 무성하게 자라나기 때문에 '자(兹)'를 '연(年)'과 통용한다. 兹(무성할 자)
- 치(嗤 chī) : 비웃다. 조소(嘲笑)하다. 嗤(비웃을 치)
- 왕자교(王子喬) : 고대 전설속의 선인(仙人). 학(鶴)을 타고 승천(昇天)하여 신선이 되었다고 전한다.
- 기(期) : 기대하다. 기약하다.

9) 객종원방래(客從遠方來)[10)]

客從遠方來, 遺我一端綺.
相去萬餘里, 故人心尙爾.
文彩雙鴛鴦, 裁爲合歡被.
著以長相思, 緣以結不解.
以膠投漆中, 誰能別離此.

---

10) 《객종원방래(客從遠方來)》는 고시19수 가운데 열여덟 번째 작품이다. 이 시는 객지에 있는 남편이 고향집 부인에게 원앙새가 수놓아진 비단을 보내오자 이것으로 합환피(合歡皮)를 지은 내용을 노래한 것이다.

객이 먼 곳에서 찾아 와
내게 문채나는 비단 반 필을 전해주었네

서로 만 여리나 떨어져 있지만
임의 마음은 여전히 변함없구나

한 쌍의 원앙이 수놓아진 비단을
마름질하여 합환피(合歡皮)로 만들었네

이불 속에 솜을 채워 넣고
사면을 실로 꿰매었네

아교를 옻나무 수액에 섞어 바르니
누가 능히 우리를 갈라놓을 수 있으리

주해

- 유(遺) : 주다. 보내다.
- 일단(一端) : 반필(半匹). '단(端)'은 길이의 단위로서 '1장(丈) 6척(尺)'·'2장(丈)'·'6장(丈)'설 등이 있다. 고대에는 2장(丈)을 1단(端)으로 삼았다. 《주례(周禮)·지관(地官)·매씨(媒氏)》에 "入幣純帛無過五兩"라고 했고, 이에 대해 정현(鄭玄)의 주(註)에 "五兩, 十端也……《雜記》曰 : '納幣一束, 束五兩, 兩五尋'. 然則每端二丈."라고 풀이했다.
- 고인(故人) : 벗. 친구. 여기서는 객지로 떠난 지 오래된 남편을 말한다.
- 상(尚) : 여전히. 오히려. '유(猶)'와 같다.
- 이(爾) : 이처럼. 이와 같이. '여차(如此)'와 같다.
- 원앙(鴛鴦) : 원앙새. 고대 시문(詩文)에서는 종종 금슬이 좋은 부부(夫婦)를 비유하는데 사용된다. 여기에서는 한 쌍의 원앙새가 수놓아져 있

는 문양을 말한다.

- 합환피(合歡被) : 이불 위에 수놓아져 있는 합환(合歡)의 문양을 말한다. '합환(合歡)'은 '동환(同歡)'의 뜻이다.
- 착(著) : 이불 안에 솜을 집어넣는 것을 말한다.
- 연(緣 yuán) : 이불의 네 가장자리를 실로 꿰매는 것을 말한다. '연(緣)'과 '인연(姻緣)' '연(緣)'자는 동음이기 때문에 "연이결불해(緣以結不解)"라고 표현한 것이다.
- 투(投) : 던지다. 여기서는 아교를 옻나무 수액 속에 섞는다는 뜻이다.
- 별리(別離) : 나누다. 떨어지게 하다.

10) 명월하교교(明月何皎皎)[11)]

明月何皎皎, 照我羅床緯.
憂愁不能寐, 攬衣起徘徊.
客行雖云樂, 不如早旋歸.
出戶獨彷徨, 愁思當告誰.
引領還入房, 淚下沾裳衣.

보름 달이 얼마나 밝게 빛나는지
내 비단 침상 휘장을 비춘다

11) 《명월하교교(明月何皎皎)》는 고시19수 가운데 열아홉 번째 작품이다. 이 시는 밝은 달빛아래 객지에서 잠 못 이루는 나그네의 심정을 노래한 것이다.

시름에 겨워 잠 못 이루고
옷을 걸치고 일어나 배회하노라

객지 생활이 비록 즐겁다고 말하나
일찍 집으로 돌아가는 것만 못하리

집을 나서 홀로 방황하니
근심스런 생각을 누구에게 말하리오

목을 길게 빼고 바라보다 다시 방으로 들어오니
눈물이 흘러 옷을 적시네

주해

- 교(皎) : 달빛이 밝게 비추다. 皎(흴 교)
- 나상휘(羅床幃) : 비단으로 만든 침상의 휘장. 幃(휘장 위)
- 남의(攬衣 lǎn yī) : 옷을 걸치다. 옷을 두르다.
  '피의(披衣)'와 같다. 攬(잡을 람)
- 객(客) : 여기서는 시인 자신을 말한다.
- 선귀(旋歸) : 돌아가다. 귀가하다.
  '선(旋)'은 '전(轉)'과 같다.
- 인영(引領) : 목을 길게 빼고 멀리 바라보다. 領(목 영)
- 상의(裳衣 cháng yī) : 옛날 하체를 가리기 위해 남녀 모두 입었던 긴 치마.
  일설에는 '의상(衣裳)'으로 되어 있다.
  '상(裳)'은 하의(下衣)를 말한다.

2. 항우(項羽)[12]

해하가(垓下歌)[13]

力拔山兮氣蓋世
時不利兮騅不逝
騅不逝兮可奈何
虞兮虞兮奈若何

12) 항우(項羽, B.C.232~B.C.202) : 이름은 적(籍), 자는 우(羽) 또는 자우(子羽), 하상(下相, 지금의 강소성江蘇省 숙천시宿遷市 서남지역) 출신이다. 진(秦)나라 말기에 숙부 항량(項梁)을 따라 오중(吳中, 지금의 강소성 소주蘇州)에서 거병하였다가, 진(秦)이 망하자 스스로 서초패왕(西楚霸王)이 되었다. 그 후 초한(楚漢)전쟁에서 유방(劉邦)에게 패하여 오강(烏江, 지금의 안휘성 화현和縣 동북지역)에서 자살했다.

13) 《해하가(垓下歌)》는 서초패왕(西楚霸王) 항우(項羽)가 해하(垓下)에서 마지막 싸움을 앞둔 전날 밤에 남긴 절명사(絕命詞)이다. 사마천(司馬遷)의 《사기(史記)·항우본기(項羽本紀)》에 다음과 같은 기록이 나온다. "項王軍壁垓下, 兵少食盡, 漢軍及諸侯兵圍之數重. 夜聞漢軍四面皆楚歌, 項王乃大驚曰 '漢皆已得楚乎? 是何楚人之多也!' 項王則夜起, 飮帳中. 有美人名虞, 常幸從. 駿馬名騅, 常騎之. 於是項王乃悲歌慷慨, 自爲詩曰 '力拔山兮氣蓋世……'歌數闋, 美人和之. 項王泣數行下, 左右皆泣, 莫能仰視." 또한 송대(宋代) 주희(朱熹)의 《초사집주(楚辭集注)》권1에 "慷慨激烈, 有千載不平之餘憤."이라고 평하였다.

힘은 산을 뽑을 만하고 기세는 천하를 뒤덮건만
시운(時運)이 불리하니 오추마도 나아가지 않는구나
추가 나아가지 않으니 내가 어찌 하겠는가
우희(虞姬)여 우희여 너를 또한 어찌한단 말인가

주해

- 해하(垓下 gāi xià) : 옛 지명.
  지금의 안휘성(安徽省) 영벽현(靈璧縣) 남타하(南沱河) 북쪽 언덕에 해당한다. 垓(지경 해)
- 혜(兮 xī) : 조사(助詞).
- 추(騅 zhuī) : 항우(項羽)의 애마(愛馬)인 오추마(烏騅馬)를 말한다.
  騅(오추 추)
- 우(虞) : 항우(項羽)의 사랑하는 연인 우희(虞姬)를 말한다.
- 내하(奈何) : 어떻게. 어찌 하겠는가? 奈(어찌 내)
- 내약하(奈若何) : 너를 어찌하리오. 너를 어찌하면 좋겠는가?
  若(너 약)

3. 유방(劉邦)[14]

대풍가(大風歌)[15]

大風起兮雲飛揚
威加海內兮歸故鄉
安得猛士兮守四方

큰 바람이 일어나니 구름이 날리도다
천하에 위세를 떨치고 고향으로 돌아왔네
어찌 용맹한 인재를 얻어 사방 영토를 지킬 것인가

주해

- 대풍가(大風歌) : "대풍곡(大風曲)"·"대풍시(大風詩)"·"한조유가(漢祖有歌)"라고도 부른다.

---

14) 유방(劉邦, B.C.256~B.C.195) : 자는 계(季), 한고조(漢高祖)이다. 패현沛縣, 지금의 강소성 서주徐州)출신이다. 대표작으로 《대풍가(大風歌)》와 《홍곡가(鴻鵠歌)》가 있다.

15) 한고조(漢高祖) 12년(B.C.196) 회남왕(淮南王) 영포(英布)가 반란을 일으키자, 유방이 친히 출정하여 난을 평정하였다. 유방은 돌아오는 길에 자신의 고향인 패현(沛縣)에 들러 옛 친구들과 마을 부로(父老)들을 불러 모아 크게 잔치를 베풀었는데, 이때 유방이 취흥(醉興)이 일어나 스스로 부른 노래가 바로 《대풍가(大風歌)》이다.

- 위(威) : 위세. 권위,
- 가(加) : 떨치다. 베풀다.
- 해내(海內) : 사해지내(四海之內).
  곧 천하(天下)를 말한다.
- 안득(安得) : 어찌[어떻게] ~을 얻다. 安(어찌 안)
- 수(守) : 지키다. 수호하다.
- 사방(四方) : 여기서는 나라를 말한다.

4. 조씨(曹氏) 삼부자(三父子)

1) 조조(曹操)[16]의 단가행(短歌行)[17]

기일(其一)

對酒當歌, 人生幾何.
譬如朝露, 去日苦多.
慨當以慷, 憂思難忘.
何以解憂, 唯有杜康.
青青子衿, 悠悠我心.
但爲君故, 沉吟至今.
呦呦鹿鳴, 食野之蘋.
我有嘉賓, 鼓瑟吹笙.
明明如月, 何時可掇.

---

16) 조조(曹操 155~220) : 위(魏)나라 무제(武帝). 자는 맹덕(孟德), 소자(小字)는 아만(阿瞞), 일명 길리(吉利)이다. 일설에는 본성(本姓)이 하후(夏侯)라고 전한다. 패국(沛國) 초현(譙縣, 지금의 安徽省 亳州) 출신이다.

17) 《단가행(短歌行)》 이수(二首)는 동한(東漢) 조조(曹操)가 악부고제(樂府古題)의 형식을 취하여 지은 연회시(宴會詩)이며 모두 2수로 되어 있다. 여기에서 소개하는 첫 번째 시는 구현(求賢)을 갈망하는 시인의 마음과 천하를 통일하고자 하는 영웅의 기개를 노래한 것이다.

憂從中來, 不可斷絶.
越陌度阡, 枉用相存.
契闊談讌, 心念舊恩.
月明星稀, 烏鵲南飛.
繞樹三匝, 何枝可依.
山不厭高, 海不厭深.
周公吐哺, 天下歸心.

술 마시고 노래하니 짧은 인생 얼마나 되겠는가?
비유컨대 아침 이슬과 같으니 지나간 세월이 실로 많도다

비분강개하여 탄식해도 근심을 잊기 어렵구나
어떻게 근심을 잊을 것인가? 오직 두강주만 있을 뿐이네

청금(靑衿)을 입은 선비들이여 오래도록 마음속으로
경모(傾慕)하노라
그대들 때문에 지금껏 깊은 시름에 잠기노라.

유유(呦呦)하고 우는 사슴이여 초야의 풀을 뜯어 먹도다
현자들이 나를 찾아오면 비파 타고 피리 불며 맞이하리라

하늘의 밝은 달을 언제나 얻을 수 있겠는가
마음 속 근심이 밀려와 끊이지 않네

작은 논밭 길을 지나
외람되이 나를 찾아와 안부를 묻네

오래 만에 다시 만나 잔치 벌이며
마음속으로 오랜 정의를 나누네

달은 밝고 별은 드문데 까막까치 남쪽으로 날아가
나무 주위를 세 번 도니 어느 가지에 깃들 것인가

고산은 토석을 사양하지 않고 심해는 시냇물을
싫어하지 않나니
주공처럼 현자를 대하여 천하영웅들이 모두 찾아오길 바라노라

주해

- 대주당가(對酒當歌) : 한편으로 술 마시고 한편으로 노래하다. '당(當)'은 마주하다는 뜻이다. 일설에는 '응당(應當)'의 뜻으로 본다.
- 기하(幾何) : 세월이 얼마나 되겠는가? '기하(幾何)'는 '다소(多少)'와 같다.
- 거일고다(去日苦多) : 슬프게도 지나간 날이 너무 많다. '고(苦)'는 '환(患)'의 뜻이다.
- 개당이강(慨當以慷) : 연회에서 부르는 노래가 비분강개하다. '당개이강(當慨而慷)'과 같다. '당이(當以)'는 '응당용(應當用)'의 뜻이다. 慷(kāng, 강개할 강) 慨(kǎi, 분개할 개)
- 두강(杜康 dù kāng) : 최초로 술을 만든 사람. 여기서는 술을 의미한다.
- 청청자금(青青子衿) : 청금(青衿)을 입은 훌륭한 선비. '자(子)'는 상대방에 대한 미칭(美稱)이다. '청금(青衿 qīng jīn)'은 주(周)나라 때 선비들이 입던 옷을 말하는데, 여기서는 학식을 갖춘 인재를 의미한다. 衿(옷깃 금) 《시경(詩經)·정풍(鄭風)·자금(子衿)》에 "青青子衿, 悠悠我心."라고 했고,

이에 대해 모전(毛傳)에 “青衿, 青領也. 學子之所服.”이라고 풀이했다.

- 유유(悠悠) : 장구(長久)한 모양. 여기서는 끊임없이 이어지는 사념을 의미한다.
- 침음(沉吟) : 낮은 소리로 시를 읊조리고 사색에 빠지다.
  여기서는 현인(賢人)에 대해 경모(傾慕)하는 마음을 의미한다.
- 유유(呦呦 yōu yōu) : 사슴이 우는 소리. 《시경(詩經)·소아(小雅)·녹명(鹿鳴)》에 나온다. “呦呦鹿鳴, 食野之蘋.” 이에 대해 모전(毛傳)에 “鹿得蓱呦呦然鳴而相呼.”라고 했고, 주희(朱熹)의 《시집전(詩集傳)》에 “呦呦, 聲之和也.”라고 풀이했다.
- 빈(蘋 píng) : 쑥. 풀이름. ‘빈호(藾蒿)’를 말한다.
  蘋(풀이름 빈) 藾(맑은 대쑥 뢰) 蒿(쑥 호)
  육기(陸璣)의 《모시초목조수충어소(毛詩草木鳥獸蟲魚疏)》에 “藾蒿, 葉青色, 莖似箸而輕脆, 始生香, 可生食.”이라 했다.
- 고슬(鼓瑟) : 비파를 타다. ‘고(鼓)’는 ‘탄(彈)’과 같다.
- 철(掇 duō) : 줍다. 따다. 일설에는 ‘철(掇)’은 ‘철(輟)’과 통하며 ‘그친다’로 해석한다. 掇(주울 철) 輟(그칠 철)
- 월맥도천(越陌度阡) : 종횡으로 교차하는 작은 논밭 길을 지나오다. ‘맥(陌)’은 동서로 난 작은 논밭 길, ‘천(阡)은 남북으로 난 작은 논밭 길을 말한다. 阡(두렁 천) 陌(두렁 맥)
- 왕용상존(枉用相存) : 외람되이 찾아오다. ‘왕(枉)’은 ‘왕가(枉駕)’의 뜻이다. ‘용(用)’은 ‘이(以)’와 같다. ‘존(存)’은 안부를 묻는다는 뜻이다.
- 계활(契闊) : 오래도록 헤어졌다 다시 만나다.
  ‘계(契)’는 투합(投合)이다. ‘활(闊)’은 소원(疎遠)하다는 뜻이다. 《의부(義府)·계활(契闊)》에 “今人謂久別曰契闊.”라고 했고, 《후한서(後漢書)·독행전(獨行傳)·범염(範冉)》에 “(王)奐曰 : ‘車行倉卒, 非陳契闊之所, 可共到前亭休息, 以敘分隔.’”라고 했다.
- 연(讌 yàn) : 잔치하다. ‘연(宴)’과 통한다.
- 삼잡(三匝 sān zā) : 세 번 돌다. ‘잡(匝)’은 둘레 또는 돌다는 뜻이다.
  匝(돌 잡)

• 해불염심(海不厭深) : 깊은 바다는 작은 물줄기를 싫어하지 않는다. 일설에는 "水不厭深"으로 되어 있다. 《관자(管子)·형해(形解)》에 나온다. "海不辭水, 故能成其大. 山不辭土, 故能成其高. 明主不厭人, 故能成其衆. 士不厭學, 故能成其聖."

• 주공(周公) : 주(周)나라 문왕(文王)의 아들이자 무왕(武王)의 동생. 성은 희(姬), 이름은 단(旦), 시호는 문공(文公)이다.
아들이 노(魯)나라 제후로 봉해진 후 노(魯)의 시조로서 받들었다.

• 토포(吐哺 tǔ bǔ) : 먹던 음식을 뱉어내고 손님을 맞이하다.
吐(토할 토) 哺(먹을 포)
《사기(史記)》에 나온다. "一沐三握發, 一飯三吐哺, 起以待士, 猶恐失天下之賢人."

2) 조비(曹丕)[18]의 연가행(燕歌行)[19]

기일(其一)

秋風蕭瑟天氣凉, 草木搖落露爲霜.
群燕辭歸鵠南翔, 念君客遊多思腸.

---

18) 조비(曹丕, 187~226) : 위(魏)나라의 초대 황제, 자는 자환(子桓)이다. 패국(沛國) 초현(譙縣, 지금의 安徽省 亳州) 출신이다. 무제(武帝)와 무선변황후(武宣卞皇后)의 아들로 후한(後漢) 헌제(獻帝)의 선양을 받아 조위(曹魏)를 건국하였다.

19) 이 시는 조비(曹丕)의《연가행(燕歌行)》이수(二首) 가운데 첫 번째 시이다.《연가행(燕歌行)》은 악부제목(乐府题目)으로《상화가(相和歌)》중의《평조곡(平调曲)》에 속하며, 멀리 출정에 나선 남편에 대한 그리움을 노래하였다.

慊慊思歸戀故鄕, 君何淹留寄他方.
賤妾煢煢守空房, 憂來思君不敢忘.
不覺淚下沾衣裳, 援琴鳴絃發淸商.
短歌微吟不能長, 明月皎皎照我床.
星漢西流夜未央, 牽牛織女遙相望.
爾獨何辜限河梁.

가을바람 소슬하고 날씨는 서늘한데
초목은 바람에 휘날리고 이슬은 서리로 변했네

제비들은 작별을 고하고 고니는 남쪽으로 날아가는데
객지에서 떠도는 임 생각에 애간장이 녹네

임도 시름에 겨워 고향을 그리워 할 텐데
그대는 어찌 오래도록 타향에 머무시는가?

이 몸은 외로이 빈방을 지키며
근심으로 그대를 잊을 수 없네

나도 모르게 눈물이 흘러 옷자락을 적시니
거문고를 가져와 줄을 튕겨 청상곡을 연주하네

짧은 노래만 가늘게 부를 뿐 긴 노래는 부를 수 없으니
밝은 달만 교교히 내 침상을 비추노라

은하수가 서쪽으로 흘러 밤은 깊어 가는데
견우와 직녀는 멀리서 서로 바라만 보네

그대들은 무슨 죄로 은하수를 사이에 두고 있는가?

주해

- 요락(搖落) : 바람에 날려 떨어지다.
- 곡(鵠 gǔ) : 고니.
- 겸겸(慊慊 qiān qiān) : 공허한 마음. 불만스런 모양.
  장선(張銑)의 주(註)에 "慊慊, 心不足貌."이라 했다.
- 엄류(淹留 yān liú) : 오래도록 머무르다. '구류(久留)'와 같다. 淹(머무를 엄)
- 경경(茕茕 qióng qióng) : 의지할 데 없이 외로운 모양.
  煢(외로울 경) 《초사(楚辞)·구장(九章)·사미인(思美人)》에 나온다.
  "独茕茕而南行兮, 思彭咸之故也."
- 원(援) : 잡다. 당기다.
- 청상(清商) : 곡조 이름. '청상곡(清商曲)' 또는 '청악(清樂)'이라고도 부른다. 청상(清商)은 음절이 짧고 빠르며, 곡조가 처량하고 슬프다.
  《한비자(韓非子)·십과(十過)》에 나온다. "公曰 : '清商固最悲乎?' 師曠曰 : '不如清徵.'"
- 야미앙(夜未央) : 한밤중이 아직 지나지 않은 시간. 곧 초가을의 이른 저녁을 의미한다. '미앙(未央)'은 아직 최고점에 이르지 않은 상태이며, '미진(未盡)' 또는 '부진(不盡)'과 같다. 《시경(詩經)·소아(小雅)·정료(庭燎)》에 "夜如何其? 夜未央."이라 했다. 견우성(牽牛星)과 직녀성(織女星)은 은하수 양쪽에 위치하는데, 초가을 이른 저녁에는 하늘 정중앙에 보이며 이때 은하수는 서남을 가리킨다.

- 이(爾) : 너. 너희들. 여기서는 견우(牽牛)와 직녀(織女)를 말한다. 爾(너 이)
- 하량(河梁) : 강물 위에 놓인 다리. 전설에 의하면 견우(牽牛)와 직녀(織女)가 은하수를 사이에 두고 서로 떨어져 있다가, 매년 7월 7일 밤이 되면 까마귀와 까치가 그들을 위해 놓아준 다리 위에서 만난다고 한다. 《시경(詩經)·소아(小雅)·소민지십(小旻之什)》에 나온다. "跂彼織女, 終日七襄. 雖則七襄, 不成報章. 睆彼牽牛……"

3) 조식(曹植)[20]의 칠보시(七步詩)[21]

煮豆燃豆萁
豆在釜中泣
本是同根生
相煎何太急

콩을 삶는데 콩깍지를 태우니
콩이 솥 안에서 울고 있네

---

20) 조식(曹植 192~232) : 자는 자건(子建). 패국(沛國) 초현(譙縣, 지금의 安徽省 亳州) 출신으로 무제(武帝)와 무선변황후(武宣卞皇后)의 셋째아들이다. 생전에 진왕(陈王)으로 불리다가 사후에 시호를 '사(思)'로 받은 후 '진사왕(陈思王)'으로 불린다.

21) 《칠보시(七步詩)》는 위(魏)나라 시인 조식(曹植)이 동복형(同腹兄)인 위문제(魏文帝) 조비(曹丕)의 명에 따라 일곱 걸음을 걷는 동안에 지은 것이다. 조식은 이 시에서 같은 뿌리에서 나온 콩과 콩깍지를 이용하여 동부동모(同父同母) 소생인 형제간의 골육상잔을 비유적으로 표현하였다.

본래 한 뿌리에서 나왔거늘
서로 모질게 대하는 것이 어찌 그리 심한가?

주해

- 기(萁 qí) : 콩대. 콩깍지. 萁(콩깍지 기)
- 부(釜 fǔ) : 솥. 釜(솥 부)
- 전(煎 jiān) : 태우다. 달이다. 여기서는 핍박이나 박해를 의미한다. 煎(달일 전)

5. 도연명(陶淵明)[22]

1) 사시(四時)

春水滿四澤
夏雲多奇峰
秋月揚明輝
冬嶺秀孤松

봄물은 사방의 연못에 가득하고
여름 구름은 기이한 봉우리가 많도다
가을 달이 밝은 빛을 날리고
겨울 고개에 외로운 소나무가 빼어나도다

주해

- 사택(四澤) : 사방의 전야(田野)와 수택(水澤)을 말한다.
- 고송(孤松) : 외로운 소나무. 일설에는 "한송(寒松)"으로 되어 있다.

---

22) 도연명(陶淵明, 365?~427) : 동진(東晉)의 시인, 사부가(辭賦家), 산문가(散文家). 이름은 잠(潛), 자는 원량(元亮), 별호는 오류선생(五柳先生), 시호는 정절(靖節), 절강성 구강(九江) 출신이다. 중국 최고의 전원시인(田園詩人)으로 일컬어진다. 일찌이 강주제주(江州祭酒)·건위참군(建威參軍)·진군참군(鎭軍參軍)·팽택현령(彭澤縣令) 등을 지냈다.

2) 음주(飲酒) 20수[23]

가. 제5수

結廬在人境, 而無車馬喧.
問君何能爾? 心遠地自偏.
采菊東籬下, 悠然見南山.
山氣日夕佳, 飛鳥相與還.
此中有眞意, 欲辨已忘言

마을에 오두막집을 지었는데
고요해서 수레소리도 없네

어찌 이럴 수 있느냐고 묻지만
마음이 멀어지니 사는 곳도 절로 외지다오

동쪽 울타리 아래에서 국화꽃을 따다가
멀리 남산을 바라본다

저녁 무렵 산 기운이 좋은데
나는 새도 짝을 지어 돌아오네

---

23) 《음주(飲酒)》 20수는 도연명(陶淵明) 詩의 핵심이라 할 수 있다. 나중에 소동파(蘇東坡)는 "采菊東離下, 悠然見南山"·"嘯傲東軒下, 聊復得此生"·"客養千金軀, 臨化消其寶" 등 세 구절을 두고 도(道)를 얻은 경지의 시구라고 칭송했다.

이 속에 참 뜻이 있으니
말하려고 해도 이미 말을 잊었도다

주해

- 결려(結廬 jiē lú) : 오두막집을 짓다. 廬(오두막집 려)
- 인경(人境) : 사람들이 모여 사는 곳. 곧 인간세상을 말한다.
- 군(君) : 여기서는 작자 자신을 가리킨다.
- 이(爾) : 이처럼. 이와 같이. '여차(如此)'와 같다. 爾(그럴 이)
- 유연(悠然) : 한적(閑適)하고 담박(淡泊)한 모습.
- 견(見 jiàn) : 보다. 일설에는 '현(見, xiàn)'으로 해석한다.
- 남산(南山) : 산봉우리. 일설에는 '여산(廬山)'으로 해석한다.
- 일석(日夕) : 황혼녘. 저녁 무렵.
- 상여(相與) : 교류하다. 서로 짝하다.
- 진의(眞意) : 참뜻. 대자연에서 체득한 경계(境界)를 말한다.

나. 제7수

秋菊有佳色, 裛露掇其英.
汎此忘憂物, 遠我遺世情.
一觴雖獨進, 杯盡壺自傾.
日入羣動息, 歸鳥趨林鳴.
嘯傲東軒下, 聊復得此生.

가을 국화 아름답게 피었는데
이슬 머금은 꽃잎을 따노라

꽃잎을 망우물에 띄워 마시니
속세를 버린 마음이 더욱 멀어진다.

술잔 들어 홀로 마시고
잔이 비면 스스로 술병을 기울인다

날이 저물면 만물이 잠드나니
새들도 둥지 찾아 즐겁게 지저귄다

동쪽 창문 아래 휘파람 한가로이 노래하니
문득 이 삶의 진의(眞意)를 얻었도다

주해

- 읍(裛 yì) : 적시다. '읍(浥)'과 같다. 裛(적실 읍)
- 철(掇 duo) : 따다. 줍다. 掇(주을 철)
- 망우물(忘憂物) : 술을 가리킨다. 《문선(文選)》권30 이선(李善)의 주(註)에 "《毛詩》曰 : '微我無酒, 以遨以遊.' 毛萇曰 : '非我無酒, 可以忘憂也.' 潘岳《秋菊賦》曰 : '泛流英於清醴, 似浮萍之隨波.'"라고 했다.
- 유세정(遺世情) : 세상을 버린 마음. 곧 은거(隱居)를 말한다.
- 호자경(壺自傾) : 술병을 들어 다시 술잔을 채우다.
- 군동(羣動) : 만물. 살아있는 모든 생물.
- 추(趨 qū) : 돌아가다. 趨(달릴 추)
- 소오(嘯傲 xiǎo ào) : 유유자적하며 구애됨이 없는 모양. 嘯(휘파람 소) 傲(거만할 오)
- 헌(軒 xuān) : 창. 창문.
- 특차생(得此生) : 인생의 진의(眞意)를 얻다.

나. 제11수

顔生稱爲仁，榮公言有道．
屢空不獲年，長肌至於老．
雖留身後名，一生亦枯槁．
死去何所知，稱心固爲好．
客養千金軀，臨化消其寶．
裸葬何必惡，人當解意表．

사람들은 안연을 인자(仁者)라 칭송하고
영공의 도심(道心)을 우러르네

하지만 안연은 곤궁하게 살다 요절하였고
영공은 늙도록 굶주림에 시달렸네

비록 죽은 뒤에 명성을 남겼으나
일생동안 가난하고 초췌하였네

죽은 후의 일을 어찌 알겠는가
살아서 마음에 흡족하면 좋으리라

짧은 인생 천금 들여 보양한들
죽고 나면 명성은 모두 사라지리라

맨 몸으로 땅 속에 묻히는 것도 나쁘지 않으니
사람들이여 그 속뜻을 알지니라

주해

- 안생(顔生) : 공자(孔子)의 애제자인 안회(顔回)를 말한다. 자는 자연(子淵), 춘추시대 노(魯)나라 출신이다. 《논어(論語)·옹야(雍也)》에 "子曰 : 回也, 其心三月不違仁."이라 했고, 《공자가어(孔子家語)》에 "回之德行著名, 孔子稱其仁焉."이라 했다.
- 영공(榮公) : 춘추시대 은사(隱士)인 영계기(榮啟期)를 말한다.
- 누공(屢空) : 안회(顔回)의 생활이 궁핍하여 끼니를 자주 거른 것을 말한다.
- 고고(枯槁) : 초목이 말라 시들다. 여기서는 빈곤하고 초췌한 모습을 말한다.
- 칭심(稱心, chèn xīn) : 마음에 들다. 마음으로 흡족하다.
- 객(客) : 나그네. 여기서는 짧은 인생을 의미한다.
- 나장(裸葬) : 맨 몸으로 땅속에 장사지내다.
- 의표(意表) : 말을 벗어난 진의(眞意). 녹흠입(逯欽立)의 교주(校注)에 "意表, 意外之意, 即言外之意."라고 했다.

3) 책자(責子)

白髮被兩鬢, 肌膚不復實.
雖有五男兒, 總不好紙筆.
阿舒已二八, 懶惰故無匹.
阿宣行志學, 而不愛文術.

雍端年十三, 不識六與七.
通子垂九齡, 但覓梨與栗.
天運苟與此, 且進杯中物.

흰머리가 양쪽 귀밑에 무성하고
몸도 예전처럼 건장하지 못하네

내게 비록 다섯 아들이 있지만
모두 지필묵을 좋아하지 않는다

아서는 이미 열여섯 살이 되었지만
게으르기가 비할 데 없다

아선은 열다섯 살이 되어 가는데
도무지 공부하는데 뜻이 없다

옹과 단은 열세 살인데
도대체 여섯과 일곱도 구별 못한다

통은 아홉 살이 되어가는데
그저 먹을 배와 밤만 찾고 있다

타고난 운수가 참으로 이와 같으니
또한 술잔이나 기울일 수밖에

주해

- 책자(責子) : 자식에 대한 꾸지람, 비평.
- 피(被 pī) : 뒤덮다. 드리우다. '피(披)'와 같다.
- 빈(鬢 bìn) : 귀밑머리. 鬢(귀밑머리 빈)
- 기부(肌膚) : 살갗. 피부. 곧 신체를 말한다.
- 오남아(五男兒) : 도연명(陶淵明)에게 다섯 아들이 있는데, 대명(大名)은 각각 엄(儼)·준(俟)·분(份)·일(佚)·동(佟)이고, 소명(小名)은 각각 서(舒)·선(宣)·옹(雍)·단(端)·통(通)이이다.
- 이팔(二八) : 나이 16세를 말한다.
- 고(故) : 본래. 진실로. '고(固)'와 같다. 일설에는 '固'로 되어 있다.
- 무필(無匹) : 견줄 사람이 없다.
- 행(行) : 장차 ~에 가깝다. '행장(行將)'의 뜻이다.
- 지학(志學) : 나이 15세를 말한다. 《논어(論語)·위정(爲政)》에 나온다. "子曰 吾十有五, 而志於學."
- 문술(文術) : 독서나 작문 등의 공부를 말한다. '문(文)'은 시문(詩文)을 읽거나 쓰는 것이고, '술(術)'은 글자나 셈법을 읽히는 것을 말한다.
- 옹단년십삼(雍端年十三) : 옹(雍)과 단(端)은 모두 열세 살이다.
  두 아이는 쌍둥이 혹은 이모(異母) 소생으로 보인다.
- 수구령(垂九齡) : 아홉 살이 다 되다.
  '수(垂)'는 장차 ~에 이른다는 뜻이다.
- 멱(覓 mì) : 찾다. 覓(찾을 멱)
- 천운(天運) : 천명(天命). 운명(運命).
- 구(苟) : 만약. 만일.
- 배중물(杯中物) : 술을 말한다.

4) 잡시(雜詩) 12수[24)]

가. 제1수

人生無根蒂, 飄如陌上塵.
分散逐風轉, 此已非常身.
落地成兄弟, 何必骨肉親.
得歡當作樂, 斗酒聚比隣.
盛年不重來, 一日難再晨.
及時當勉勵, 歲月不待人.

인생은 뿌리가 없으니
길 위에 흩날리는 먼지와 같네

바람 따라 흩어지며 이리저리 전전하니
이 몸은 이미 예전의 내가 아니로다

이 세상에 태어나면 모두가 형제이니
어찌 반드시 골육만을 따지겠는가

---

24) 《잡시(雜詩)》 12수는 도연명(陶淵明)이 조시(組詩) 형식으로 쓴 영회시(詠懷詩)이다. 작자는 이 시에서 인생의 고단함과 세속과 맞지 않은 자신의 벼슬살이 그리고 벼슬을 그만두고 전원으로 돌아간 후의 소박한 삶을 노래하고 있다. 시는 전반적으로 언어가 질박하고 문체가 간결하며 풍부한 함축미를 내포하고 있다.

즐거운 일이 있으면 마땅히 즐겨야 하고
술이 있으면 이웃과 나눠 마시리

젊은 시절은 다시 오지 않고
새벽은 하루에 한번 뿐이라네

때를 놓치지 말고 열심히 공부하라
세월은 사람을 기다려주지 않느니라

주해

- 체(蒂 dì) : 꼭지. 가시. 꽃받침. 곧 근본이나 뿌리를 말한다.
- 맥(陌 mò) : 동서로 난 길. 곧 도로를 말한다.
- 차(此) : 이 몸.
- 비상신(非常身) : 예전의 내 몸이 아니다. 불변의 몸이 아니다. 곧 젊음은 다시 오지 않는다는 뜻이다.
- 낙지(落地) : 이제 막 태어나다.
- 두(斗 dòu) : 구기. 자루가 달린 술 뜨는 도구.
- 비린(比鄰) : 이웃. '근린(近鄰)'과 같다.
- 성년(盛年) : 청춘(青春). 장년(壯年).
- 급시(及時) : 성년(盛年) 시절에 미치다.
- 면려(勉勵) : 격려하다.

5) 의고(擬古) 9수[25)]

가. 제5수

東方有一士，被服常不完.
三旬九遇食，十年著一冠.
辛勤無此比，常有好容顏.
我欲觀其人，晨去越河關.
靑松夾路生，白雲宿簷端.
知我故來意，取琴爲我彈.
上絃驚別鶴，下絃操孤鸞.
願留就君位，從今至歲寒.

동방에 어떤 은사(隱士)가 살고 있으니
입은 옷은 항상 낡고 헤져있었다

밥은 한 달에 아홉 끼니만 먹고
십년 동안 관(冠) 하나만 쓰고 지낸다

고단함이 이보다 더할 수 없는데도
항상 기쁜 얼굴로 청빈함을 즐겼다

---

25) 《의고(擬古)》 9수는 도연명(陶淵明)이 쓴 조시(組詩)이다. 도연명은 이 시에서 왕조가 교체될 때 일어나는 비분강개(悲憤慷慨)와 우국상시(憂國傷時)의 심정을 노래하였다.

나는 그를 방문하고자
이른 새벽에 집을 나서 하관을 넘었다

푸른 소나무가 길 양쪽에 서 있고
흰 구름은 처마 끝에 머물러 있다

내가 일부러 찾아온 뜻을 알고
거문고를 가져와 나를 위해 연주하였다

먼저 처량한 〈별학조(別鶴操)〉를 타고
이어서 고결한 〈쌍봉이란(雙鳳離鸞)〉을 연주하였다

원컨대 그대 옆에 오래 머무르며
지금부터 추운 세모까지 지내고 싶노라

주해

- 피복(被服) : 입은 옷. '피(被)'는 '피(披)'와 같다.
- 불완(不完) : 온전하지 못하다. 곧 의복이 낡아 헤지다는 뜻이다.
- 삼순구우식(三旬九遇食) : 한 달에 아홉 끼니의 식사. 《설원(說苑)·입절(立節)》에 나온다. "子思居衛, 貧甚, 三旬而九食."
- 착(著) : 쓰다. 입다. '대(戴)'와 같다.
- 호용안(好容顏) : 즐거운 얼굴 모양. 여기서는 가난을 즐긴다는 뜻이다.
- 관(觀) : 여기서는 방문하다는 뜻이다.
- 하관(河關) : 하류(河流)와 관애(關隘). 隘(좁을 애)
  남조(南朝) 송(宋)나라 안연지(顏延之)의 〈추호시(秋胡詩)〉에 "離居殊年載, 一別阻河關."이라 했고, 당(唐)나라 왕유(王維)의 〈증조삼영(贈祖三詠)〉시에 "雖有近音信, 千里阻河關."이라 했다.

• 고래의(故來意) : 특별히 찾아온 뜻.
• 상현(上弦) : 먼저 연주하는 곡.
• 하현(下弦) : 나중에 연주하는 곡.
• 별학(別鶴) : 《별학조(別鶴操)》. 고금곡(古琴曲)의 이름으로 소리가 슬프고 처량하다.
• 고난(孤鸞) : 《쌍봉이난(雙鳳離鸞)》. 한금곡(漢琴曲名)의 이름.
• 지세한(至歲寒) : 추운 겨울이 될 때까지. 여기서는 만절(晩節)을 견지하는 것을 비유한 말이다. 《논어(論語)·자한(子罕)》에 나온다. "歲寒, 然後知松柏之後凋也."

6) 귀원전거(歸園田居) 5수[26]

가. 제1수[27]

少無適俗韻, 性本愛丘山.
誤落塵網中, 一去三十年.
羈鳥戀舊林, 池魚思故淵.
開荒南野際, 守拙歸園田.
方宅十餘畝, 草屋八九間.
楡柳蔭後簷, 桃李羅堂前.

26) 《귀원전거(歸園田居)》는 도연명(陶淵明)이 쓴 조시(組詩)이며 모두 다섯 수로 되어 있다.
27) 《귀원전거(歸園田居)》 첫 번째 시는 벼슬생활에 염증과 전원생활에 대한 동경을 노래한 것이다.

曖曖遠人村，依依墟里煙.
狗吠深巷中，鷄鳴桑樹顚.
戶庭無盡雜，虛室有餘閒.
久在樊籠裏，復得返自然.

젊어서부터 세상과 어울리지 못하고
성품이 본래 자연을 좋아했네

벼슬길 그물망 속에 잘못 빠져
순식간에 십여 년이 지났노라

새장에 갇힌 새는 옛 숲을 그리워하고
연못에 갇힌 물고기는 옛 심연(深淵)을 생각한다네

남쪽 들녘의 황무지를 개간하고
절조를 지키며 전원에서 농사짓고 살리라

작은 집 주위로 십여 이랑의 땅이 있고
초옥에는 여덟아홉 간의 방이 있네

느릅나무와 버드나무는 집 뒤 처마를 그늘지우고
복숭아 자두나무는 정원 앞에 늘어서 있네

마을은 멀리 떨어져있어 희미한데
마을의 밥 짓는 연기가 가물가물 피어오른다

마을 골목에서 개 짖는 소리가 들려오고
뽕나무 위에서 닭이 울어댄다

집 안에는 세상의 잡스러운 일이 없고
텅 빈 방안에는 한가로움이 넘쳐난다

오래도록 새장 속에 갇혀 살다가
이제야 다시 자연으로 돌아왔노라

주해

- 소(少) : 젊은 시절.
- 적속(適俗) : 세속에 적응하다.
- 운(韻) : 본성. 기질. 일설에는 '원(願)'으로 되어 있다.
- 진망(塵網) : 속세. 티끌세상. '진세(塵世)'와 같다. 여기서는 벼슬길을 의미한다.
- 삼십년(三十年) : 여기서는 삼십 년이 아니라 십삼 년의 뜻으로 보아야 한다. 이에 대해서는 두 가지 근거가 있는데, 첫째는 도연명(陶淵明)의 관직생활이 13년에 불과하다는 점, 둘째는 '三又十年'의 뜻으로 해석이 가능하다는 점이다.
- 기조(羈鳥 jī niǎo) : 새장에 갇힌 새. 일설에는 '眷'으로 되어 있다. 羈(굴레 기) 眷(그리워할 권)
- 지어(池魚) : 작은 연못에 갇힌 물고기.
- 야(野) : 일설에는 '畝'로 되어 있다.
- 제(際) : 사이. '간(間)'과 같다.

- 수졸(守拙 shǒu zhuō) : 졸박(拙朴)함을 지키다.
  세속을 따르지 않고 절조를 지킨다는 뜻이다.
- 방택(方宅) : 택지(宅地)가 방원(方圓)하다.
  일설에는 '方'은 '旁'과 통한다고 본다.
- 음(蔭 yìn) : 그늘지다. 가리다.
- 애애(曖曖 ài ài) : 어둡다. 모호하다. 曖(가릴 애)
- 의의(依依) : 가볍고 부드럽게 서서히 올라가는 모양.
- 허리(墟里) : 촌락. 마을.
- 진잡(塵雜) : 세속의 번잡한 일.
- 허실(虛室) : 텅빈 방. '공실(空室)'과 같다.
- 여한(餘閑) : 한가롭다. 여유롭다.
- 번롱(樊籠 fán lóng) : 새장. 여기서는 관직생활을 의미한다.
  樊(울 번) 籠(새장 롱)
- 반자연(返自然) : 자연으로 돌아오다.
  여기서는 전원으로 돌아와 농사짓는 생활을 의미한다.

나. 제3수[28)]

種豆南山下，草盛豆苗稀.
侵晨理荒穢，帶月荷鋤歸.
道狹草木長，夕露沾我衣.
衣沾不足惜，但使願無違.

28) 《귀원전거(歸園田居)》 세 번째 시는 작자의 전원생활과 농사짓는 모습을 자세히 생동감 있게 묘사한 것이다.

남산 아래 콩을 심었는데
잡초만 무성하고 콩의 싹은 드무네

아침 일찍 일어나 밭의 잡초를 제거하고
저녁에 달빛 받으며 호미 메고 돌아온다

좁은 길에는 잡초가 무성히 자라
초저녁 이슬에 옷이 젖는구나

옷이야 젖어도 걱정이 없으니
다만 전원생활의 바람이 어긋나지 않았으면

주해

- 남산(南山) : 여기서는 여산(廬山)을 말한다.
- 희(稀) : 드물다. '희소(稀少)'의 뜻이다.
- 흥(興) : 일어나다. 기상하다.
- 황예(荒穢 huāng huì) : 논밭에 거칠게 자란 잡초.
  穢(더러울 예)
- 대(帶) : 맞다. 두르다. 일설에는 '戴'로 되어 있다.
- 하서(荷鋤 hè chú) : 가래나 호미를 메다.
  鋤(가래 서) 荷(멜 하)
- 협(狹) : 좁다. 狹(좁을 협)
- 석로(夕露) : 초저녁 무렵의 이슬.
- 족(足) : ~할 가치가 있다.
- 무위(無違) : 전원으로 돌아온 뜻과 어긋나지 않다.
  곧 농사가 잘 되기를 바라는 마음이다.

7) 의만가사(擬挽歌辭) 3수[29)]

가. 제1수[30)]

有生必有死, 早終非命促.
昨暮同爲人, 今旦在鬼錄.
魂氣散何之, 枯形寄空木.
嬌兒索父啼, 良友撫我哭.
得失不復知, 是非安能覺.
千秋萬歲後, 誰知榮與辱.
但恨在世時, 飮酒不得足.

태어나면 반드시 죽기 마련이니
일찍 죽는다고 해서 수명이 짧은 것이 아니라네

어제 저녁까지 살아있던 사람이
오늘 아침에는 황천길로 떠나는구나

---

29) 《의만가사(擬挽歌辭)》 3수는 도연명(陶淵明)이 쓴 조시(組詩)이다. 도연명(陶淵明)은 이 시에서 자신이 죽은 후의 상황을 가정해서 자신의 생사관(生死觀)을 드러내고 있으며, 가까운 친구들에게 자신의 죽음을 지나치게 슬퍼하지 말라고 위로하고 있다.

30) 《의만가사(擬挽歌辭)》 첫 번째 시에서는 자신이 죽은 후 시신(屍身)을 염습(殮襲)하는 상황 및 자식들과 친구들이 통곡하는 모습을 묘사하고 있다.

혼백은 흩어져 어디로 가는가
관속에는 앙상한 시신만 누워있네

사랑스런 자식들은 지아비를 부르고
친한 벗들은 관 앞에서 통곡하네

죽은 자는 이해득실을 모르니
어찌 옳고 그름을 가리겠는가

천만 년 세월이 흐른 뒤에는
누가 나의 영욕(榮辱)을 알겠는가

다만 살면서 한스러운 것은
생전에 마음껏 술 마시지 못한 것이라네.

주해

- 만가(挽歌) : 죽은 자를 애도하는 노래. 주로 시가(詩歌)나 문장으로 표현된 것을 말한다.
- 비명촉(非命促) : 수명이 짧은 것이 아니다. '촉(促)'은 단촉(短促)의 뜻이다.
- 작모(昨暮) : 어제 저녁. 昨(어제 작)
- 동위인(同爲人) : 아직 살아있다는 말이다.
- 귀록(鬼錄) : 죽은 자의 이름을 기록한 명부. 곧 죽음을 의미한다.
- 혼기(魂氣) : 영혼. 사람의 정신의식을 의미한다. 《좌전(左傳)·소공7년(昭公七年)》의 소(疏)에 "附形之靈爲魄, 附氣之神爲魂."라고 했다.
- 고형(枯形) : 마르고 여윈 시신(屍身).
- 기공목(寄空木) : 관목(棺木) 속에 눕다. 관목(棺木)에 안치하다. '공목(空木)'은 관(棺)을 의미한다.

- 교아(嬌兒) : 예쁘고 사랑스런 자식. 嬌(아리따울 교)
- 색(索) : 찾다. 索(찾을 색)
- 각(覺) : 알다. 깨닫다. 여기서는 '변별(辨別)하다'는 뜻이다.

나. 제2수[31]

在昔無酒飲, 今但湛空觴.
春醪生浮蟻, 何時更能嘗.
肴案盈我前, 親舊哭我傍.
欲語口無音, 欲視眼無光.
昔在高堂寢, 今宿荒草鄉.
一朝出門去, 歸來夜未央.

생전에는 가난해서 마음껏 술을 마실 수 없었는데
오늘은 빈 술잔에 제주(祭酒)가 가득하구나

내년 봄 마실 술에 거품향이 피어나는데
어느 때 다시 마실 수 있으랴

고기안주 담은 소반이 내 앞에 넘치는데
친구들은 내 곁에서 통곡을 하네

31) 《의만가사(擬挽歌辭)》 두 번째 시에서는 빈소 앞에서 제사지내는 모습을 표현하였다.

말을 하려 해도 소리가 나오지 않고
눈을 부릅뜨고 보려 해도 눈빛이 어둡네

생전에는 고당의 침실에 누워 자던 몸이
오늘 밤에는 잡초 우거진 무덤 속에 누우리라

내일 아침 빈소를 떠나면
돌아오려 해도 아득히 기약할 수 없으리

주해

- 담(湛 zhàn) : 잠기다. 가득 차다. 湛(가득찰 담)
- 공상(空觴) : 빈 술잔. 觴(술잔 상)
- 춘료(春醪 chūn láo) : 가을걷이 후에 빚어서 이듬해 봄에 마시는 술. 醪(술 료)
- 부의(浮蟻 fú yǐ) : 담근 술 표면에 부풀어 오르는 거품. 그 모습이 마치 개미가 떠있는 것 같아서 나온 말이다. 장형(張衡)의 《남도부(南都賦)》에 "醪敷徑寸, 浮蟻若萍."라고 했는데, 유량(劉良)의 주에 "酒膏徑寸, 布於酒上, 亦有浮蟻如水萍也."라고 풀이했다.
- 효안(肴案 yáo àn) : 탁자 위에 고기안주를 가득 담은 나무쟁반. 肴(안주 효) 案(소반 안)
- 고당(高堂) : 높은 대청마루.
- 황초향(荒草鄕) : 거친 잡초가 무더기로 자란 묘지를 말한다.
- 출문거(出門去) : 빈소(殯所)를 나서는 것을 말한다.
- 야미앙(夜未央) : 밤처럼 아득히 기약할 수 없다. '미앙(未央)'은 '끝이 없다', '기약할 수 없다'는 말이다. '미앙(未央)'은 '미진(未盡)'·'부진(不盡)'과 같다. '夜'는 일설에 '良'으로 되어 있다.

다. 제3수[32)]

荒草何茫茫　白楊亦蕭蕭
嚴霜九月中　送我出遠郊
四面無人居　高墳正嶕嶢
馬爲仰天鳴　風爲自蕭條
幽室一已閉　千年不復朝
千年不復朝　賢達無奈何
向來相送人　各自還其家
親戚或餘悲　他人亦已歌
死去何所道　託體同山阿

아득한 황야에 잡초는 무성한데
백양나무에 쓸쓸한 가을바람 불어온다

찬 서리 내리는 구월에
친구들이 교외 장지(葬地)로 나를 전송하네

사방 주위에는 집 한 채 없고
쓸쓸한 무덤들만 여기저기 솟아 있네

---

32) 《의만가사(擬挽歌辭)》 세 번째 시에서는 하장(下葬)하는 상황을 묘사하였다.

수레를 끌던 말도 고개 들어 슬피 울고
소슬바람은 쓸쓸하게 불어온다

무덤 속에 한번 들어가면
두 번 다시 아침을 보지 못하리라

두 번 다시 아침을 못 볼 터이니
현달한 자도 이 무덤 속에 묻히리라

방금 나를 무덤까지 전송했던 사람들도
이제는 모두 각자 집으로 돌아가네

친척들에게는 혹여 슬픔이 남아 있겠지만
다른 사람들은 이미 울음을 그쳤네

죽은 내가 더 이상 무슨 말을 하겠는가?
산언덕에 이 몸을 맡길 뿐이네

주해

- 하(何) : 어찌 그리. 얼마나.
- 망망(茫茫) : 무성하다. 아득히 끝이 없다. 茫(아득할 망)
- 소소(蕭蕭) : 바람이 나뭇가지에 부딪쳐 나는 소리. 蕭(쓸쓸할 소)
- 엄상(嚴霜) : 찬 서리. 된 서리.
- 초요(嶕嶢 jiāo yáo) : 높이 솟아 있는 모양. 嶕(높을 초) 嶢(높을 요)
- 마(馬) : 여기서는 영구(靈柩) 수레를 끄는 말을 의미한다.
- 소조(蕭條) : 바람소리.

- 유실(幽室) : 무덤의 묘혈.
- 현달(賢達) : 도덕과 학문이 뛰어난 사람.
- 무내하(無奈何) : 어쩔 도리가 없다. 방법이 없다. 이러한 운수를 피할 방법이 없다는 말이다. 奈(어찌 내)
- 향(向) : 지난번. 이전. 向(접때 향)
- 이가(已歌) : 이미 즐거이 노래하다. 이미 죽은 자를 잊고 더 이상 슬퍼하지 않는다는 말이다.
- 하소도(何所道) : 무슨 말을 하겠는가? 무슨 할 말이 있겠는가? 道(말할 도)
- 탁체(托體) : 몸을 의탁하다. 몸을 의지하다.
- 산아(山阿 shān ē) : 산언덕. 산비탈. 阿(언덕 아)

6. 사령운(謝靈運)[33)]

등여산절정망제교(登廬山絶頂望諸嶠)[34)]

山行非有期, 彌遠不能輟.
但欲掩昏旦, 遂復經圓缺.
捫壁窺龍池, 攀枝瞰乳穴.
積峽忽復啟, 平途俄已絕.
巒隴有合遝, 往來無蹤轍.
晝夜蔽日月, 冬夏共霜雪.

여산(廬山) 산행은 다시 기약할 수 없으니,
산길이 멀고 험해도 멈출 수가 없다.

다만 황혼과 새벽처럼 짧은 시간을 멈추게 하고 싶지만,
결국은 다시 달처럼 차고 기울기 마련이다.

---

33) 사령운(謝靈運, 385~433) : 동진(東晉)·송(宋)나라 시인. 회계(會稽) 시녕(始寧) 출신으로 동진(東晉)의 명장인 강락공(康樂公) 사현(謝玄)의 손자이다. 세칭 사강락((謝康樂)으로 불린다. 중국 산수시파의 창시자이며, 저서로 《사강락집(謝康樂集)》이 있다.

34) 「등여산절정망제교(登廬山絶頂望諸嶠)」 시는 사령운(謝靈運)이 여산(廬山)의 최고봉에 올라 사방을 바라보면서 느낀 감회를 읊은 것이다.

벼랑길을 더듬어 가며 용지(龍池)를 엿보고,
나뭇가지를 붙잡고 유혈(乳穴)을 내려다본다.

첩첩한 협곡 길이 이어지다 홀연히 다시 열리더니,
평평한 길이 금세 끊기고 말았다.

산 능선 길은 겹겹이 중첩되어,
오고 가는 사람들의 흔적조차 찾을 수 없다.

이곳은 밤낮으로 해와 달을 가리고 있으니,
여름과 겨울에도 항상 눈서리가 덮여 있다.

주해

- 절정(絶頂) : 최고봉. 가장 높은 곳.
- 교(嶠, jiào) : 산길. 산 고개. 嶠(높을 교)
- 미원(彌遠) : 아득하다. 요원(遙遠)하다. 彌(더욱 미)
- 엄(掩, yǎn) : 그치다. 멈추다. 掩(그칠 엄)
- 혼단(昏旦) : 황혼녘과 새벽. 곧 지극히 짧은 시간을 의미한다.
- 원결(圓缺) : 달이 차고 기우는 것을 말한다.
  송(宋)나라 소식(蘇軾)의 「수조가두(水調歌頭)」사(詞)에 나온다.
  "人有悲歡離合, 月有陰晴圓缺, 此事古難全."
- 아(俄, é) : 갑자기. 돌연히.
- 농(壟, lǒng) : 언덕. 壟(언덕 롱)
- 합답(合遝, he tà) : 중첩되다. 많이 모여 있는 모양.
  '합답(合沓)'과 같다. 遝(뒤섞일 답)

7. 하지장(賀知章)[35]

1) 회향우서(回鄕偶書)[36]

기일(其一)

少小離家老大回
鄕音不改鬢毛衰
兒童相見不相識
笑問客從何處來

젊어서 고향을 떠났다가 늙어서 돌아오니
고향사투리 여전한데 귀밑머리만 새하얗다
아이들은 나를 보고도 알아보지 못한 채
어디서 오신 분이냐고 웃으며 묻는다

---

35) 하지장(賀知章, 659~744) : 당(唐)나라 시인, 정치가. 자는 계진(季眞), 만호(晩號)는 사명광객(四明狂客), 월주(越州) 영흥(永興: 지금의 折江省 蘇山縣) 사람이다. 이백(李白)·장욱(張旭) 등과 시주(詩酒)를 즐겼고, 성품이 활달하여 담론과 소학(笑謔)을 즐겼다. 695년 진사(進士)에 급제하여 예부시랑(禮部侍郎), 비서감(秘書監), 집현원학사(集賢院學士) 등을 역임하였다. 시가(詩歌) 20여수가 전한다.

36) 〈회향우서(回鄕偶書)〉 2수는 하지장(賀知章)이 744년에 지은 조시(組詩)이다. 이 작품은 하지장이 50여 년 동안 고향을 떠나 벼슬살이를 하다가 86세에 관직을 그만두고 고향인 월주(越州) 영흥(永興)으로 돌아온 감회를 담담하고 진솔한 감정으로 묘사한 것이다.

주해

- 우서(偶書) : 마음이 가는대로 써내려간 시(詩)나 문장.
- 소소리가(少小離家) : 하지장(賀知章)은 37세에 진사(進士)가 되어 고향을 떠났다.
- 노대회(老大回) : 나이가 들어 고향에 돌아오다. 하지장(賀知章)은 86세에 벼슬을 사직하고 고향으로 돌아왔다.
- 향음(鄕音) : 고향 사투리.
- 무개(無改) : 변화가 없다. 변함이 없다. 일설에는 '難改'로 되어 있다.
- 빈모쇠(鬢毛衰) : 귀밑머리가 하얗고 성글어지다. 일설에는 '面毛'로 되어 있다. 鬢(귀밑머리 빈)
- 소문(笑問) : 웃으면서 물어보다. 일설에는 '각문(卻問)' 또는 '차문(借問)'으로 되어 있다.

기이(其二)

離別家鄕歲月多
近來人事半消磨
唯有門前鏡湖水
春風不改舊時波

젊어서 고향을 떠나고 오랜 세월이 흘렀으니
고향의 인사(人事)가 실로 많이 변했구나
오직 문 앞의 푸른 경호수만이
봄바람에 옛 물결은 그대로구나

주해

- 인사(人事) : 인간세상의 일. 세상 사람들과 왕래하는 일.
- 경호(鏡湖) : 호수 이름. 지금의 절강성(浙江省) 소흥시(紹興市) 회계산(會稽山) 북쪽에 위치해 있으며, 둘레가 사방 3백 여리에 이른다.

2) 영유(詠柳)[37]

碧玉妝成一樹高
萬條垂下綠絲絛
不知細葉誰裁出
二月春風似剪刀

벽옥으로 장식한 높다란 버드나무
수많은 가지마다 연록색의 실버들을 드리웠네
가느다란 이파리는 누가 다듬었을까
2월 봄바람이 곱게 가위질 한 것 같구나

주해

- 벽옥(碧玉) : 푸른 옥. 젊고 아름다운 여자.
여기서는 이른 봄에 생겨난 연록색의 버들잎을 말한다.

---

37) 《영유(詠柳)》는 당대(唐代) 하지장(賀知章)이 지은 칠언절구(七言絕句) 영물시(詠物詩)이다.

- 장(妝) : 단장하다. 장식하다.
- 일수(一樹) : '만수(滿樹)'와 같다.
  '일(一)'은 '만(滿)'과 '전(全)'의 뜻이다.
- 녹사조(綠絲條) : 녹색의 버들가지.
- 재(裁 cái) : 가위질하다. 재단하다.

8. 왕지환(王之渙)[38]

등관작루(登鸛雀樓)[39]

白日依山盡
黃河入海流
欲窮千里目
更上一層樓

한낮의 해는 서산 너머로 기울고
황하는 동쪽 바다로 흘러 들어간다
천리 풍광을 바라보려고 한다면
다시 누대 한 층을 올라야하리

---

38) 왕지환(王之渙, 688~742) : 당대(唐代) 시인. 자는 계릉(季淩), 산서(山西) 강현(絳縣) 출신이다. 왕지환은 이른 나이에 과거에 급제하여 하북(河北) 형수현衡水縣)의 주부(主簿)를 지냈는데, 얼마 지나지 않아 남의 모함을 받고 관직에서 쫓겨났다. 그 후 삼십 세가 되기도 전에 15년 동안 천하유람을 시작했는데, 세속에 얽매이지 않고 의기(義氣)를 중시하면서 주로 격검비가(擊劍悲歌)를 노래했다. 그의 시는 대부분 당시 악공(樂工)들에 의해 노래로 불리어졌는데, 변새(邊塞)의 풍광(風光)을 잘 표현하여 고적(高適)·잠삼(岑參)·왕창령(王昌齡)과 함께 어깨를 나란히 하였다. 《전당시(全唐詩)》에 「양주사(涼州詞)」와 「등관작루(登鸛雀樓)」 등 겨우 6수만 전한다.

39) 이 시는 왕지환(王之渙)의 현존하는 절구시(絶句詩) 6수 가운데 하나이다.

주해

- 관작루(鸛雀樓) : 옛 이름은 '관작루(鸛鵲樓)'이다. 산서성(山西省) 운성시(運城市) 포주진(蒲州鎭)에 위치해 있는 3층 누각으로 황하를 바라다볼 수 있다. 관작루는 원래 북주(北周) 우문호(宇文護)가 산서성(山西省) 영제시(永濟市) 포주성(蒲州城) 서남쪽 황하유역에 군사용 망루로 지은 것으로, 《포주부지(蒲州府志)》에 "(鸛雀樓)舊在郡城西南黃河中高阜處, 時有鸛雀棲其上, 遂名."라는 기록이 있다. 그 후 금(金)나라 원광(元光) 원년(1222)년에 몽고군(蒙古軍)의 침입으로 소실되어 700년 동안 방치되다가 지난 1997년에서야 현재의 모습으로 복원되었다.
- 백일(白日) : 태양.
- 진(盡) : 없어지다. 소실되다.
- 궁(窮) : 궁극점에 도달하다. '진(盡)'과 같다.
- 천리목(千里目) : 눈앞에 펼쳐지는 광활한 모습을 말한다.
- 갱(更) : 다시. '재(再)'와 같다.

9. 최호(崔顥)[40)]

황학루(黃鶴樓)[41)]

昔人已乘黃鶴去, 此地空餘黃鶴樓.
黃鶴一去不復返, 白雲千載空悠悠.
晴川曆曆漢陽樹, 芳草萋萋鸚鵡洲.
日暮鄉關何處是, 煙波江上使人愁.

---

40) 최호(崔顥, 704 ? ~754) : 당대(唐代) 시인. 변주(汴州, 지금의 하남 개봉시)인이다. 개원(開元) 11년(723) 진사(進士)에 급제하였고, 현종(玄宗) 천보(天寶) 초년에 태부사승(太仆寺丞)이 되었다가 상서사훈원외랑(尚書司勳員外郎)을 지냈다. 초기 시는 대부분 규정시(閨情詩)가 많았으나, 후기에는 변새생활의 영향을 받아 호매분방(豪邁奔放)하고 비분강개(悲憤慷慨)한 풍골시(風骨詩)를 많이 지었다. 《전당시(全唐詩)》에 42수(首)가 전한다.

41) 황학루(黃鶴樓) : 중국 호북성 무한시(武漢市) 사산(蛇山)에 위치에 있으며, '천하강남제일루(天下江南第一樓)' 또는 '천하절경(天下絶景)'으로 불린다. 원래 삼국시대 오(吳)나라 손권(孫權)이 관우(關羽)가 지키던 형주(荊州)를 빼앗은 후, 촉(蜀)나라와의 전쟁에 대비하기 위해 황무(黃武) 2년(223)에 세운 '군사망루(軍事望樓)'였다. 황학루를 노래한 유람시로 최호(崔顥)의 「황학루(黃鶴樓)」와 이백(李白)의 「황학루송맹호연지광릉(黃鶴樓送孟浩然之廣陵)」이 가장 유명하고, 청초(清初) 진공윤(陳恭尹)의 「세모등황학루(歲暮登黃鶴樓)」도 널리 인구에 회자(膾炙)되는 시이다. 현대에 들어서 모택동(毛澤東)의 「보살만(菩薩蠻)·황학루(黃鶴樓)」가 있다.

옛 선인(仙人)은 이미 황학을 타고 떠났으니
텅 빈 이곳에는 황학루만 남았구나

황학은 한번 떠나가 다시 돌아오지 않고
흰 구름만 천년 동안 덧없이 흘러가네

맑은 강물에 한양의 나무 환히 비추고
방초는 앵무주에 무성하구다

해가 저무니 고향 땅은 어디인고?
강가의 물안개에 시름겨워 하노라

주해

- 석인(昔人) : 전설중의 황학(黃鶴)을 타고 다녔다는 선인(仙人) 자안(子安)을 말함.
- 역력(歷歷) : 분명한 모양.
- 한양(漢陽) : 지명으로 황학루 서쪽과 한수(漢水) 북쪽에 있다.
- 처처(萋萋) : 초목이 무성한 모양.
- 앵무주(鸚鵡洲) : 호북성 무창현(武昌縣) 서남에 있는 작은 모래섬.
- 향관(鄉關) : 향성(鄉城). 고향(故鄉).

10. 이백(李白)[42]

1) 추포가(秋浦歌)[43]

白髮三千丈
緣愁似個長
不知明鏡裏
何處得秋霜

백발 삼천 장
근심으로 이렇게 자랐네
알 수 없구나 거울 속의 내 모습
어디에서 가을서리를 얻었는고

---

42) 이백(李白, 701~762) : 당대(唐代) 시인, 문장가. 자는 태백(太伯). 호는 청련(青蓮居士)이다. '시선(詩仙)'으로 일컬어지며, 두보(杜甫)와 더불어 '이두(李杜)'라 병칭한다.

43) 〈추포가(秋浦歌)〉는 이백의 나이 52세(753) 때 안휘성 추포를 노닐면서 지은 것으로 총 17수 중 제15수에 해당된다. 작자는 이 시에서 추포의 산천 풍광과 백성들의 삶을 노래하는 한편, 우국우시(憂國憂時)와 신세 비탄의 감정도 드러내고 있다. 참고로 고려 말 충숙왕(忠肅王) 때 성균관 제주(祭酒)를 지내고 동방 이학(理學)의 시조로 불렸던 우탁(禹倬)의 시조 '백발가(白髮歌)'를 소개하면 다음과 같다. "한 손에 막대 들고 또 한 손에 가시 쥐고, 늙는 길 가시로 막고 오는 백발 막대로 치려더니, 백발이 제 먼저 알고 지름길로 오더라."

주해

- 추포(秋浦) : 중국 안휘성(安徽省) 지주시(池州市) 귀지현(貴池縣)에 있는 포구이다.
- 연(緣) : ~때문에. 《여씨춘추(呂氏春秋)·신행론(愼行論)》에 나온다. "緣物之情."
- 개(個)) : 이와 같이. 이처럼. '如此'와 같다.
- 추상(秋霜) : 가을 서리. 곧 새하얀 머리카락을 의미한다.

2) 정야사(靜夜思)[44)]

床前明月光
疑是地上霜
擧頭望明月
低頭思故鄕

침상 앞에 달빛이 스며드니
마치 땅에 서리가 내린 듯
고개 들어 창밖의 밝은 달을 바라보다
고개 숙여 먼 고향을 생각하네

---

44) 〈정야사(靜夜思)〉 시는 명대판본(明代版本)에 실려 있는 오언고시(五言古詩)인데, 송대판본(宋代版本)에는 '明'이 '看'으로, '擧'가 '擡'로 되어 있다. 이 시는 가을 밤 객지에서 보름달을 바라보는 작자의 감정을 노래한 것이다.

주해

- 상(床) : 침상.
- 명(明) : 밝다. 일설에는 '明'이 '看'으로 되어 있다.
- 의(疑) : 마치 ~인 듯하다.
- 거두(擧頭) : 고개를 들다. 일설에는 '거(擧)'가 '대(擡)'로 되어 있다

3) 산중문답(山中問答)[45]

問余何意棲碧山
笑而不答心自閑
桃花流水窅然去
別有天地非人間

내게 무슨 일로 푸른 산에 사느냐고 묻길래
웃으며 대답하지 않으니 마음이 절로 한가롭다
복숭아꽃이 흐르는 물에 아득히 떠내려가니
인간 세상이 아니라 별천지로다

주해

- 산중문답(山中問答) : 일설에는 "山中答俗人", "答俗人問", "答問" 등으로 되어 있다.

---

45) 《산중문답(山中問答)》은 이백(李白)의 고절구(古絶句)시이다. 작자는 문답형식을 빌어 자신의 유유자적한 은거생활을 잘 표현하고 있다.

- 여(余) : 나. 여기서는 시인 자신을 말한다. 余(나 여)
- 하의(何意) : 무슨 일로. 무엇 때문에. 일설에는 '何事'로 되어 있다.
- 서(棲 xī) : 살다. 은거하다.
- 벽산(碧山) : 산 이름 또는 푸른 산. '백조산(白兆山)"이라고도 한다. 호북성(湖北省) 안육시(安陸市) 산아래 도화동(桃花洞)이 있는데 이곳에서 이백이 공부했다고 전한다.
- 부답(不答) : 대답하지 않다. 일설에는 '不語'로 되어 있다.
- 요연(窅然 yǎo ran) : 멀고 아득한 모양.
  일설에는 '완연(宛然)'으로 되어 있다. 窅(아득할 요)
- 별(別) : 따로. 그밖에.
- 비인간(非人間) : 인간세상이 아니다. 여기서는 시인의 은거생활을 가리킨다.

4) 독좌경정산(獨坐敬亭山)[46]

衆鳥高飛盡
孤雲獨去閑
相看兩不厭
只有敬亭山

새들은 높이 날아 멀리 사라지고
흰 구름은 홀로 한가로이 떠가네

---

46) 《독좌경정산(獨坐敬亭山)》은 이백이 754년경에 자신의 정신세계를 의인화(擬人化)의 기법으로 생생하게 표현한 시이다.

오래 마주 보아도 싫증나지 않는 것은
오직 경정산 뿐이라네

주해

- 경정산(敬亭山) : 안휘성(安徽省) 선성현(宣城縣)에 있는 산. 이백이 평소 존경하던 시인 사조(謝眺)가 자주 찾던 산이다. 《원화군현지(元和郡縣志)》에 "在宣城縣北十里. 山有萬松亭·虎窺泉."이라는 기록이 있다.
- 고운(孤雲) : 외로운 구름. 도연명(陶淵明)의 《영빈사시(詠貧士詩)》에 "孤雲獨無依"라는 구절이 나온다.
- 독거(獨去) : 구름이 홀로 떠가다.
- 양불염(兩不厭) : 서로 싫지 않다. 서로 싫증나지 않다. '양(兩)'은 시인과 경정산을 함께 가리킨 말이다. '염(厭)'은 싫어하다, 싫증나다는 뜻이다. 주간(朱諫)의 주(註)에 "言我獨坐之時, 鳥飛雲散, 有若無情而不相親者. 獨有敬亭之山, 長相看而不相厭也."라고 풀이했다.

5) 망여산폭포(望廬山瀑布)[47]

기일(其一)

西登香爐峰, 南見瀑布水.
掛流三百丈, 噴壑數十里.

47) 《망여산폭포(望廬山瀑布)》 2수는 이백(李白)이 여산(廬山) 향로봉(香爐峯)에서 바라본 여산폭포(廬山瀑布)의 장엄하고 아름다운 모습을 과장, 비유, 낭만적인 상상력으로 노래한 것이다. 두 수(首) 가운데 하나는 오언고시(五言古詩)이고, 다른 하나는 칠언절구(七言絶句)이다.

欻如飛電來，隱若白虹起。
初驚河漢落，半灑雲天裏。
仰觀勢轉雄，壯哉造化功。
海風吹不斷，江月照還空。
空中亂潨射，左右洗青壁。
飛珠散輕霞，流沫沸穹石。
而我樂名山，對之心益閑。
無論漱瓊液，還得洗塵顏。
且諧宿所好，永願辭人間。

서쪽으로 여산 향로봉을 오르니
멀리 남쪽으로 폭포수가 보인다

높이 걸려있는 폭포수가 삼백장이요
분출되는 나온 계곡물은 수십 리를 흘러간다

폭포수는 섬광처럼 빠르게 흘러가는데
마치 흰 무지개가 숨었다 나타나는 듯하다

처음에는 은하수가 구중천에서 떨어지나 놀랐는데
폭포수 절반은 구름하늘 위에서 쏟아져 내려왔다

고개 들어 그 기세를 바라보니 더욱 장엄하여
대자연의 공이 참으로 위대하구나

하늘 바람도 폭포수 물줄기를 끊지 못하고
강물 속의 달에 비추니 또한 공무(空無)와 같다

폭포 물보라가 공중에서 어지럽게 흩어져
양쪽으로 푸른 절벽을 씻어준다

폭포수 물방울은 저녁노을처럼 사방으로 흩어지고
흘러내린 물보라는 커다란 바위에서 뒹군다

나는 평소 명산 유람을 즐기는데
이 폭포를 대하니 마음이 더욱 한가롭다

경액으로 입을 헹구는 것은 말할 것도 없고
세속의 먼지에 더럽혀진 얼굴도 말끔히 씻어낸다

또한 옛 벗과 함께 이곳을 찾았으니
인간세상을 떠나 영원히 이곳에서 살고 싶구나

주해

- 여산(廬山) : 중국 강서성(江西省) 구강시(九江市) 북부에 있는 파양호(鄱陽湖)와 장강(長江) 부근에 위치한 명산. '광산(匡山)'이라고도 한다.
- 향로봉(香爐峰) : 여산(廬山)에는 네 개의 향로봉(香爐峰)이 있는데, 여기

에서는 남쪽 향로봉을 말한다.

- 남견(南見) : 일설에는 '남망(南望)'으로 되어 있다.
- 삼백장(三百丈) : 일설에는 '삼천필(三千匹)'으로 되어 있다.
- 분학(噴壑 pēn hè) : 폭포수가 산 계곡으로 분출되어 수십 리를 흘러간다는 말이다. 壑(골짜기 학)
- 훌여(欻如 xū ru) : 신속하고 빠른 모양. 欻(문득 훌) 심약(沈約)의《팔영시(八詠詩)·피갈수산동(被褐守山東)》에 "掣曳寫流電, 奔飛似白虹"라는 구절이 나온다.
- 비전(飛電) : 번개 치다. 일설에는 '비련(飛練)'으로 되어 있다.
- 은약(隱若) : 숨었다 나타나다. 일설에는 '완약(宛若)'으로 되어 있다.
- 하한(河漢) : 은하수. '천하(天河)'라고도 한다. 일설에는 '은하(銀河)'로 되어 있다.
- 반쇄운천리(半灑雲天裏) : 폭포수 절반은 구름하늘 위에서 쏟아지다. 일설에는 "반사금담리(半瀉金潭裏)"로 되어 있다. 灑(뿌릴 쇄)
- 조화(造化) : 창조자. 조물주. 여기서는 대자연을 말한다.
- 강월(江月) : 강위에 뜬 달. 일설에는 '산월(山月)'로 되어 있다.
- 공(空) : 공무(空無). 곧 허무(虛無)의 경계를 말한다. 진(晉) 도잠(陶潛)의《귀원전거(歸園田居)》4에 나온다. "人生似幻化, 終當歸空無."
- 종(淙 zhōng) : 여러 물줄기가 한 곳으로 모여들다. '총(潨)'과 통한다. 淙(물모일 종) 潨(물들이 총)
- 경하(輕霞) : 아침노을. 저녁노을. 霞(놀 하)
- 궁석(穹石 qióng shí) : 높고 커다란 바위. 활 모양의 바위. 穹(하늘 궁)
- 요명산(樂名山) : 명산을 좋아하다. 일설에는 "유명산(遊名山)"으로 되어 있다.
- 경액(瓊液) : 선인(仙人)이 마시는 음료. 여기서는 산중의 맑은 샘물을 말한다.
- 환득(還得) : 일설에는 '차득(且得)'으로 되어 있다.
- 且諧宿所好, 永願辭人間 : 일설에는 "集譜宿所好, 永不歸人間" 또는 "愛此腸欲斷, 不能歸人間"으로 되어 있다. 諧(화할 해)

- 숙소호(宿所好) : 평소 좋아하는 자. 곧 '구우(舊友)'를 말한다. '숙(宿)'은 '구(舊)'와 같다.

기이(其二)

日照香爐生紫煙
遙看瀑布掛前川
飛流直下三千尺
疑是銀河落九天

해가 향로봉을 비추니 자색연기 피어오르고
멀리서 폭포를 바라보니 기다란 시내가 걸려있는 듯
삼천 척 물줄기가 곧장 날듯이 아래로 떨어지니
은하수가 구중천에서 절벽으로 쏟아진가 하였네

주해

- 일조향로생자연(日照香爐生紫煙) : 일설에는 "廬山上與星斗連, 日照香爐生紫煙"으로 되어 있다.
- 자연(紫煙) : 햇빛이 운무(雲霧)를 투과하면 멀리서 자색연기가 피어나는 것처럼 보이는 것을 말한다. 맹호연(孟浩然)의 〈팽려호중망려산(彭蠡湖中望廬山)〉시에 "香爐初上日, 瀑布噴成虹."이라는 구절이 나온다.
- 요간(遙看) : 멀리서 바라보다.
- 괘(掛 guà) : 걸려 있다. '현괘(懸掛)'의 뜻이다.
- 전천(前川) : 일설에는 '장천(長川)'으로 되어 있다. '천(川)'은 하류(河流)인데, 여기서는 폭포를 말한다.

- 직(直) : 붓처럼 굽지 않고 곧고 길다는 뜻이다.
- 의(疑) : 의심하다. ~인 듯하다.
- 구천(九天) : 구중천(九重天). 지극히 높은 하늘을 말한다. 일설에는 '반천(半天)'으로 되어 있다.

6) 조발백제성(早發白帝城)[48]

朝辭白帝彩雲間
千里江陵一日還
兩岸猿聲啼不住
輕舟已過萬重山

이른 아침 채색 구름에 쌓인 백제성[49]을 떠나

---

48) 이 시는 당(唐) 숙종(肅宗) 건원(乾元) 2년(759) 3월에 지어진 것이다. 건원(乾元) 원년(元年, 758), 이백(李白)은 영왕(永王) 이린(李璘)의 반란에 연루되었다가 거사가 실패하자 귀주성(貴州省) 야랑(夜郎)으로 유배되었다. 이듬해 봄, 이백은 백제성(白帝城)을 지날 때 사면소식을 듣고 기쁜 나머지 즉시 배를 타고 강릉(江陵)으로 돌아가면서 이 시를 지었다.

49) 역도원(酈道元)의《삼협(三峽)》에 "自三峽七百里中, 兩岸連山, 略無闕處. 重岩疊障, 隱天蔽日, 自非亭午時分, 不見曦月. 至於夏水襄陵, 沿溯(或泝)阻絕. 或王命急宣, 有時朝發白帝, 暮到江陵, 其間千二百時裏, 雖乘奔禦風, 不以疾也. 春冬之時, 則素湍綠潭, 回清倒影. 絕巘(或獻)多生怪柏, 懸泉瀑布, 飛漱其間. 清榮峻茂, 良多趣味. 每至晴初霜旦, 林寒澗肅, 常有高猿長嘯, 屬引淒異. 空谷傳響, 哀囀久絕. 故漁者歌曰 : '巴東三峽巫峽長, 猿鳴三聲淚沾裳.'"이

강릉 천리 길을 배로 하루 만에 돌아왔네
양쪽 언덕의 원숭이 울음소리 그치지 않는데
가벼운 배는 어느새 만겹 산을 지나왔네

주해

- 백제성(白帝城) : 서한(西漢) 말엽에 공손술(公孫述)이 쌓은 것인데, 옛터는 지금의 사천성(四川省) 봉절현(奉節縣)의 백제산(白帝山) 위에 있다. 성의 지세가 높아, 항상 구름에 둘러 쌓여있다고 한다.
  양제현(楊齊賢)의 주(註)에 "白帝城, 公孫述所築. 初, 公孫述至魚復, 有白龍出井中, 自以承漢土運, 故稱白帝, 改魚復爲白帝城."이라 했고, 또한 왕기(王琦)의 주(註)에 "白帝城, 在夔州奉節縣, 與巫山相近. 所謂彩雲, 正指巫山之雲也."라고 했다.
- 조(朝) : 이른 아침.
- 사(辭) : 작별하다. 떠나다.
- 천리강릉(千里江陵) : 백제성에서 강릉(江陵, 지금의 湖北省 荊州)까지 약 1천 2백리가 되는데, 도중에 칠백리 삼협(三峽)을 지나간다.
- 일일환(一日還) : 하루면 돌아갈 수 있다. '환(還)'은 돌아간다는 뜻이다.
- 제(啼 tí) : 울다. 啼(울 제)
- 주(住) : 그치다. 멈추다. 일설에는 '진(盡)'으로 되어 있다.
- 경주이과(輕舟已過) : 일설에는 "수유과각(須臾過卻)'으로 되어 있다.
- 만중산(萬重山) : 첩첩 산봉우리.

라 했다.

7) 청평조사(清平調詞)[50]

기일(其一)[51]

雲想衣裳花想容
春風拂檻露華濃
若非群玉山頭見
會向瑤台月下逢

구름 같은 의상과 모란꽃 같은 얼굴
봄바람이 침향정 난간에 불어와 이슬을 머금었네
그대는 군옥산에서 만난 선녀가 아니라면
요대의 달 아래에서 만난 여신이리라

주해

- 청평조(清平調) : 당(唐)나라 악곡(樂曲) 이름. 후에 사패(詞牌)로 사용되

---

50) 청평조(清平調)는 당唐나라 악곡樂曲의 명칭인데, 《청평조사(清平調詞)》 3수는 이백(李白)이 조시(組詩) 형식으로 쓴 칠언악부시(七言樂府詩)이다. 당현종(唐玄宗) 천보(天寶) 2년(743) 혹은 천보(天寶) 3년(744) 봄, 현종은 양귀비와 함께 궁중의 침향정(沈香亭)에서 모란을 감상하던 중, 흥취를 더하기 위해 당시 한림학사인 이백을 불러 시를 짓게 하였는데, 이백이 즉석에서 지은 시가 바로 이 《청평조사(清平調詞)》 3수이다.

51) 《청평조사(清平調詞)》 제1수는 모란을 양귀비의 아름다운 자태에 비유한 것이다.

었다.

- 함(檻) : 난간.
- 노화농(露華濃) : 이슬 맞은 모란이 더욱 염려(艷麗)하게 보인다는 말이다.
- 군옥(群玉) : 산 이름. 신화전설에 나오는 서왕모(西王母)가 사는 곳으로, 산에 옥이 많아서 군옥산(群玉山)이라 불린다. 곤륜산(崑崙山)이라고도 한다.
- 회(會) : 응당. 필시.
- 요대(瑤台) : 궁전 이름. 신화전설에 나오는 서왕모(西王母)가 거처하는 궁전이다.

기이(其二)[52]

一枝穠豔露凝香
雲雨巫山枉斷腸
借問漢宮誰得似
可憐飛燕倚新妝

향기와 이슬 머금은 붉은 모란꽃 한 가지
무산신녀도 공연히 애간장만 태우리라
한궁(漢宮) 미녀 중에 누가 아름다움을 견주겠는가
아름다운 조비연도 성대하게 단장(丹粧)해야 하리

52) 《청평조사(清平調詞)》 제2수는 당현종(唐玄宗)의 총애를 받고 있는 양귀비에 대해 묘사한 것이다.

주해

- 농염(穠豔 nóng yàn) : 모란꽃을 말한다. '농(穠)'은 일설에 '홍(紅)'으로 되어 있다. 穠(꽃무성할 농)
- 무산운우(巫山雲雨) : 삼협(三峽)에 사는 무산신녀(巫山神女)가 초양왕(楚襄王)과 사랑을 나누었다는 신화전설 고사. 송옥(宋玉)의 《고당부(高堂賦)》와 《신녀부(神女賦)》에 관련 내용이 실려 있다.
- 한궁(漢宮) : 한(漢)나라 궁궐. 곧 한(漢)나라 궁궐의 미녀를 말한다.
- 가련(可憐) : 아름답다. 사랑스럽다.
- 비연(飛燕) : 한(漢)나라 성제(成帝)의 후궁인 조비연(趙飛燕)을 말한다. 조임(趙臨)의 딸로 미인이며 가무에 능하고 몸이 가벼워 손바닥 위에서 춤을 추었다고 한다.[신경여연(身輕如燕)]
- 의(倚) : 의지하다. 기대다.
- 신장(新妝) : 성장(盛粧). 여자가 성대하게 화장(化粧)하는 것을 말한다.
- 왕(枉) : 공연히. 헛되이.

기삼(其三)[53]

名花傾國兩相歡
長得君王帶笑看
解釋春風無限恨
沉香亭北倚闌干

모란과 절세가인이 서로 기뻐하니
군왕도 오래도록 웃음 띠고 바라보네

53) 《청평조사(清平調詞)》 제3수는 모란과 양귀비에 이어 현종까지 등장시켜 미인을 얻은 군왕의 기쁜 마음을 묘사하였다.

봄바람의 한없는 근심을 날려버리고
침향정 북쪽 난간에 기대어 서 계시네

주해

- 명화(名花) : 모란꽃을 말한다.
- 경국(傾國) : 절세미인. 절세가인(絶世佳人). 여기서는 양귀비(楊貴妃)를 말한다. 한(漢)나라 이연년(李延年)의 《가인가(佳人歌)》에 나온다.
  "一顧傾人城, 再顧傾人國."
- 해석(解釋) : 녹이다. 해소시키다. '석(釋)'은 일설에 '식(識)'으로 되어 있다.
- 춘풍(春風) : 여기서는 당현종(唐玄宗)을 말한다.
- 침향(沉香) : 정자 이름. 침향목으로 지어졌는데, 당(唐)나라 흥경궁(興慶宮) 용지(龍池) 동쪽에 위치한다.
- 난간(欄干) : 누각, 층계, 다리 등의 가장자리를 둘러막은 간살.

8) 송우인입촉(送友人入蜀)[54]

見說蠶叢路, 崎嶇不易行.
山從人面起, 雲傍馬頭生.
芳樹籠秦棧, 春流繞蜀城.
升沉應已定, 不必問君平.

---

54) 《송우인입촉(送友人入蜀)》은 이백(李白)이 당현종(唐玄宗) 천보(天寶) 2년(743)에 장안(長安)에서 촉(蜀)땅으로 좌천되어 가는 친구 왕염(王炎)을 전송하면서 지은 시(詩)이다. 이 시는 후세에 "오율정종(五律正宗"으로 일컬어지는 유명한 서정시이다.

듣자니 촉(蜀)으로 가는 길은
가파르고 험난하여 쉽게 갈 수 없다네

산벼랑에는 사람의 얼굴이 불쑥불쑥 치솟고
구름에 말머리 옆에서 위로 피어오른다

아름다운 나무들이 잔도(棧道)를 에워싸고
봄 강물은 촉성을 감싸고 흐른다

사람의 영고성쇠는 응당 이미 정해져 있으니
군평(君平)에게 물을 필요가 없다네

주해

- 견설(見說) : 듣기로. 듣자 하니. 당대(唐代)의 속어로 '청설(聽說)'과 같다.
- 잠총(蠶叢) : 촉(蜀)나라 개국 군왕. '잠총로(蠶叢路)'는 촉나라로 들어가는 길을 말한다.
- 기구(崎嶇 qí qū) : 길이 가파르고 험난한 모양. 崎(험할 기) 嶇(험할 구)
- 방수(芳樹) : 향기로운 꽃이 피어난 나무.
- 진잔(秦棧) : 진(秦)나라에서 촉(蜀)나라로 들어가는 잔도(棧道)를 말한다.
- 춘류(春流) : 봄에 불어난 강물이 도도히 흘러가는 것을 말한다.
- 촉성(蜀城) : 촉(蜀)나라 도성(都城)인 성도(成都) 또는 촉(蜀)나라 지역의 도시를 말한다.
- 승침(升沉) : 영고성쇠(榮枯盛衰).
- 군평(君平) : 서한(西漢) 무제(武帝) 때의 은사(隱士)인 엄준(嚴遵)을 말한다. 자는 군평(君平)이며 벼슬하지 않고 평생 성도(成都)에 살면서 점술가로 유명했다.

9) 월하독작(月下獨酌)[55]

기일(其一)

花間一壺酒，獨酌無相親.
擧杯邀明月，對影成三人.
月旣不解飮，影徒隨我身.
暫伴月將影，行樂須及春.
我歌月徘徊，我舞影零亂.
醒時同交歡，醉後各分散.
永結無情遊，相期邈雲漢.

꽃나무 아래 한 호리병의 술을 놓고
홀로 마시는데 친한 이가 없구나

잔을 들어 밝은 달을 맞이하니
그림자와 함께 세 사람이 되었네

달은 본래 술을 마실 줄 모르고
그림자는 한갓 내 몸만 따르는구나

55) 《월하독작(月下獨酌)》 4수는 당현종(唐玄宗) 천보(天寶) 3년(744), 이백이 장안(長安)에서 벼슬길이 막히고 실의에 빠져있을 때 지은 조시(組詩)이다.

잠시 달과 그림자를 짝하니
행락은 모름지기 봄날에 맞아야 하네

내가 노래하면 달은 배회하고
내가 춤추면 그림자는 어지러이 움직인다

깨어있을 때는 함께 즐거움을 나누지만
취한 뒤에는 각기 흩어진다네

다만 원컨대 무정한 그대들과 벗하며
저 멀리 은하수에서 다시 만났으면

주해

- 간(間) : 일설에는 '하(下)' 또는 '전(前)'으로 되어 있다.
- 호(壺 hú) : 병, 술병.
- 삼인(三人) : 홀로 술 마시는 자신, 하늘의 밝은 달 그리고 자신의 그림자를 합하여 말한 것이다.
- 불해(不解) : 알지 못하다. 이해하지 못하다. 삼국시대(三國時代) 위(魏)나라 혜강(嵇康)의 《금부(琴賦)》에 나온다. "推其所由, 似元不解音聲."
- 도(徒) : 한갓. 헛되이.
- 월장영(月將影) : 달과 그림자. '장(將)'은 '여(與)'와 같다.
- 영란(零亂) : 흩어지다. 그림자가 어지럽게 움직이는 모습.
- 동교환(同交歡) : 함께 즐거움을 나누다. 일설에는 '상교환(相交歡)'으로 되어 있다.
- 무정유(無情遊) : 달과 그림자는 지각이나 감정이 없기 때문에 이백이 이들과 사귀는 것을 "무정유(無情遊)"라고 부른 것이다.
- 막(邈 miǎo) : 멀다. 아득하다. 邈(아득할 막)

• 운한(雲漢) : 은하수 '막운한(邈雲漢)'은 일설에 '벽암반(碧岩畔)'으로 되어 있다.

기이(其二)

天若不愛酒, 酒星不在天.
地若不愛酒, 地應無酒泉.
天地既愛酒, 愛酒不愧天.
已聞清比聖, 復道濁如賢.
賢聖既已飲, 何必求神仙.
三杯通大道, 一斗合自然.
但得酒中趣, 勿爲醒者傳.

하늘이 만약 술을 좋아하지 않았다면
하늘에 주성(酒星)이 없었을 것이요

땅이 만약 술을 좋아하지 않았다면
땅에 응당 주천(酒泉)이 없었으리라

하늘과 땅이 이미 술을 좋아하니
술을 좋아한들 하늘에 부끄럽지 않으리

청주(清酒)는 성인에 비유한다고 들었고
또한 탁주(濁酒)는 현인과 같다고 하였네

성현도 모두 술을 마셨으니
어찌 굳이 신선이 되려고 하겠는가

세 잔 술에 대도(大道)를 통하고
술 한 말에 자연에 하나가 될 수 있네

다만 술 마시는 흥취를 얻을 뿐이니
이 즐거움을 술 깬 자에게는 전하지 말라

주해

- 주성(酒星) : 별 이름. '주기성(酒旗星)'이라고도 한다. 《진서(晉書·천문지(天文志)》에 "軒轅右角南三星曰酒旗, 酒官之旗也, 主享宴酒食."이라 했다.
  또한 한(漢)나라 공융(孔融)의 《여조조논주금서(與曹操論酒禁書)》에 "天垂酒星之耀, 地列酒泉之郡, 人著旨酒之德."이라 했다.
- 주천(酒泉) : 지명으로 주천군(酒泉郡)을 말한다. 오늘날 감숙성(甘肅省) 주천시(酒泉市)에 있다. 전설에 주천(酒泉)은 샘물이 달고 술맛이 난다고 한다.
- 부도(復道) : 다시 말하다. 道(말할 도)
- 대도(大道) : 도가(道家)의 무위자연(無為自然)의 법칙. 《장자(莊子)·천하(天河)》에 "天能覆之而不能載之, 地能載之而不能覆之, 大道能包之而不能辯之, 知萬物皆有所可, 有所不可."라고 했다.
- 취중취(醉中趣) : 술을 마시는 즐거움. 진(晉)나라 도잠(陶潛)의 《진고정서대장군장사맹부군전(晉故征西大將軍長史孟府君傳)》에 "溫(桓溫)嘗問君 : '酒有何好, 而卿嗜之?' 君笑而答曰 : '明公但不得酒中趣爾.'"라고 했다.

기삼(其三)

三月咸陽城, 千花晝如錦.
誰能春獨愁, 對此徑須飮.
窮通與修短, 造化夙所稟.
一樽齊死生, 萬事固難審.
醉後失天地, 兀然就孤枕.
不知有吾身, 此樂最爲甚.

춘삼월 함양성은
온갖 꽃들이 화려하게 피어 비단과 같다

누가 좋은 봄날 홀로 근심하리오
이 경치를 두고 응당 마음껏 마시리라

곤궁과 현달(顯達), 장수와 단명은
본래 조물주가 내려준 것

술 한 잔에 삶과 죽음의 차이가 없어지니
세상만사는 본디 시비를 따질 것이 없네

취한 후에는 천지 분간 모르고
문득 홀로 잠자리에 들리라

취중에 내 자신도 느낄 수 없으니
이런 즐거움을 어디에서 찾으리

주해

- 삼월함양성(三月咸陽城), 천화주여진(千花晝如錦) : 일설에는 "好鳥吟清風, 落花散如錦" 또는 "園鳥語成歌, 庭花笑如錦"으로 되어 있다.
  '함양성(咸陽城)'은 장안(長安)을 말한다. '성(城)'은 일설에 '시(時)'로 되어 있다.
- 주(晝 zhòu) : 낮. 밝다. 여기서는 밝다는 뜻이다.
  晝(밝을 주) 《설문(說文)》에 "晝, 明也. 日之出入, 與夜爲介."라고 했다.
- 경수(徑須) : 응당. 다만. '직수(直須)'와 같다. 이백(李白)의 《장진주(將進酒)》에 "主人何爲言少錢, 徑須沽取對君酌."이라는 구절이 나온다.
- 궁통(窮通) : 곤궁(困窮)과 형통(亨通). 곧 운수가 막히거나 현달(顯達)한 것을 말한다.
  《장자(莊子)·양왕(讓王)》에 "古之得道者, 窮亦樂, 通亦樂, 所樂非窮通也. 道德於此, 則窮通爲寒暑風雨之序矣."라고 했다.
- 수단(修短) : 길고 짧음. 곧 인간의 수명(壽命)을 말한다. '장단(長短)'과 같다. 《한서(漢書)·곡영전(谷永傳)》에 "加以功德有厚薄, 期質有修短, 時世有中季, 天道有盛衰."라고 했다.
- 조화(造化) : 조물주. 곧 자연을 말한다. 《장자(莊子)·대종사(大宗師)》에 "今一以天地爲大爐, 以造化爲大冶, 惡乎往而不可哉?"라고 했다.
- 품(稟) : 주다. 부여하다.
- 제사생(齊死生) : 삶과 죽음의 차이가 없다.
- 올연(兀然 wù rán) : 갑자기. 나도 모르게. 兀(우뚝할 올)
- 고침(孤枕) : 홀로 잠자리에 들다. '독침(獨枕)'과 같다. 枕(베개 침) 당(唐)나라 이상은(李商隱)의 《희증장서기(戲贈張書記)》시에 "別館君孤枕, 空庭我閉關."라고 했다.

기사(其四)

窮愁千萬端, 美酒三百杯
愁多酒雖少, 酒傾愁不來
所以知酒聖, 酒酣心自開
辭粟臥首陽, 屢空飢顔回
當代不樂飮, 虛名安用哉
蟹螯卽金液, 糟丘是蓬萊
且須飮美酒, 乘月醉高臺

천만 갈래 근심 걱정에
미주(美酒) 삼백 잔을 마셨노라

근심은 많고 술은 적으나
술잔을 기울이다 보니 근심이 사라지네

술 속에 성현이 있음을 알겠거니
술이 거나해지자 기분이 절로 좋아진다

곡기를 끊으려면 이제(夷齊)처럼 수양산에 은거해야 하고
곡식이 없으면 안회(顔回)처럼 굶주리게 되네

살아생전에 음주를 즐기지 않는다면
죽은 후 헛된 명성이 무슨 소용이 있겠는가?

게의 집게발 안주는 신선의 단약이요
술지게미 언덕은 신선이 사는 봉래산이라

모름지기 좋은 술 마시고
달빛 아래 높은 누대에서 취해보리라

주해

- 궁수(窮愁) : 곤궁함과 근심. 《사기(史記)·평원군우경열전론(平原君虞卿列傳論)》에 "然虞卿非窮愁, 亦不能著書以自見於後世云."이라 했다.
- 천만단(千萬端) : 천만 가지. '단(端)'은 길이의 단위이다.
  일설에는 "유천단(有千端)"으로 되어 있다.
- 삼백배(三百杯) : 술 삼백 잔. 일설에는 "유수배(唯數杯)"로 되어 있다.
- 주성(酒聖) : 술을 잘 마시는 사람. '주호(酒豪)'와 같다.
  송(宋)나라 증공(曾鞏)의 《초택보죽정한화(招澤甫竹亭閑話)》시에 나온다.
  "詩豪已分材難强, 酒聖還諳量未寬."
- 사속와수양(辭粟臥首陽) : 주(周)나라 곡식을 거부하고 수양산에서 고사리를 캐어 먹다 굶어 죽은 백이(伯夷)와 숙제(叔弟) 고사를 말한다. '와수양(臥首陽)'은 일설에 "아백이(餓伯夷)"로 되어 있다. '수양(首陽)'은 산 이름이며, '뇌수산(雷首山)'이라고도 한다.
- 누공기안회(屢空飢顔回) : 자주 끼니를 걸러 굶주려 죽은 안회(顔回)를 말한다. 屢(자주 루)
  도연명(陶淵明)의 《음주(飮酒)》 제11수에 "屢空不獲年"이라는 표현이 있다. 또한 《논어(論語)·선진(先進)》에 "回也其庶乎! 屢空."이라 했고, 이에 대해 하안(何晏)의 《집해(集解)》에 "言回庶幾聖道, 雖數空匱而樂在其中." 이라고 풀이했다.
- 낙음(樂飮) : 마음껏 마시다. 통쾌하게 마시다. '창음(暢飮)'과 같다. 《사기(史記)·고조본기(高祖本紀)》에 나온다. "沛父兄諸母故人日樂飮極驩, 道舊故爲笑樂."

- 해오(蟹螯 xiè áo) : 게와 조개. 蟹(게 해) 螯(조개 오) 《진서(晉書)·필탁전(畢卓傳)》에 나온다. "右手持酒杯, 左手持蟹螯, 拍浮酒船中, 便足了一生矣."
- 금액(金液) : 미주(美酒)를 말한다. 백거이(白居易)의 《유보칭사(遊寶稱寺)》시에 나온다. "酒懶傾金液, 茶新碾玉塵."
- 조구(糟丘) : 술지게미로 쌓아 올린 언덕. 糟(술지게미 조) 《시자(屍子)》 권하에 나온다. "六馬登糟丘, 方舟泛酒池.
- 봉래(蓬萊) : 봉래산(蓬萊山). 신선이 산다고 전해지는 산 이름으로 곧 선경(仙境)을 말한다.
- 승월(乘月) : 달빛을 받다. 《악부시집(樂府詩集)·청상곡사일(清商曲辭一)·자야사시가하가일(子夜四時歌夏歌一)》에 나온다. "乘月采芙蓉, 夜夜得蓮子."

10) 황학루송맹호연지광릉(黃鶴樓送孟浩然之廣陵)[56]

故人西辭黃鶴樓
煙花三月下揚州
孤帆遠影碧空盡
惟見長江天際流

고인은 나를 황학루에 남겨두고
버들 솜 날리는 삼월에 배를 타고 양주로 떠나가네
외로운 돛대 먼 그림자 푸른 하늘 너머로 사라지고

---

56) 이는 이백(李白)이 오랜 친구 맹호연(孟浩然)을 양주(揚州)로 떠나보내며 지은 시이다. 맹호연은 이백보다 나이가 많으며 시단(詩壇)에서 명망이 높아서 이백이 고인(故人)이라고 칭한 것이다.

오직 장강만이 하늘 끝까지 흘러가노라

주해

- 황학루(黃鶴樓) : 장강(長江) 하류인 호북성(湖北省) 무한시(武漢市) 무창사산(武昌蛇山)에 위치한 누대.
- 맹호연(孟浩然) : 당대(唐代)의 시인이자 이백(李白)의 친구. 이백보다 나이가 많다.
- 지(之) : 가다. '왕(往)'과 같다.
- 광릉(廣陵) : 지명. 지금의 강소성(江蘇省) 양주시(揚州市).
- 고인(故人) : 친한 친구. 여기서는 맹호연(孟浩然)을 가리킨다.
- 서사(西辭) : 황학루에서 고별하고 동쪽으로 떠나는 것을 말한다. '사(辭)'는 작별하다는 뜻이다.
- 연화(煙花) : 연기처럼 피어오르는 버들 솜과 꽃이 만발한 봄날의 경치를 말한다.
- 벽공(碧空) : 푸른 하늘. 일설(一說)에는 '벽산(碧山)'으로 되어 있다.
- 천제류(天際流) : 하늘 끝까지 흘러간다. '천제(天際)'는 '천변(天邊)과 같다.

11) 등금릉봉황대(登金陵鳳凰臺)[57]

鳳凰臺上鳳凰遊
鳳去臺空江自流

57) 이 시는 천보(天寶) 6년(747), 이백(李白)이 당(唐)나라 현종(玄宗)의 "사금환산(賜金還山)"의 명에 따라 장안(長安)을 떠나 금릉(金陵)을 유람할 때 지은 칠언율시(七言律詩)이다. 흔히 최호(崔顥)의 「황학루(黃鶴樓)」와 쌍벽을 이룬 것으로 평가된다.

吳宮花草埋幽徑
晉代衣冠成古邱
三山半落青天外
二水中分白鷺洲
總爲浮雲能蔽日
長安不見使人愁

봉황대[58] 위에 봉황이 노닐었는데
봉황 떠난 누대는 텅 비고 장강(長江)만 절로 흐르네
오(吳)나라 궁궐의 화초는 황량한 오솔길을 메우고
진(晉)나라 명문귀족들은 모두 옛 무덤이 되었네
삼산(三山)은 푸른 하늘 밖에 반쯤 떨어져 있고
이수(二水)는 백로주에서 둘로 나뉘네
모두 뜬구름이 해를 가린 탓이니
장안은 보이지 않고 사람만 시름겹게 하는구나

58) 《강남통지(江南通志)》에 "鳳凰台在江寧府城內之西南隅, 猶有陂陀, 尚可登覽. 宋元嘉十六年, 有三鳥翔集山間, 文彩五色, 狀如孔雀, 音聲諧和, 衆鳥群附, 時人謂之鳳凰. 起台於山, 謂之鳳凰山, 臺曰鳳凰臺."라고 했고, 북위(北魏) 역도원(酈道元)의 《수경주(水經註)·양수(漾水)》에도 "(鳳溪水)上承濁水 於廣業郡, 南逕鳳溪中, 有二石雙高, 其形若闕, 漢世有鳳凰至, 故謂之鳳凰臺."라고 했다.

주해

- 금릉(金陵) : 남경(南京)의 옛 이름. 삼국시대 오(吳)나라의 손권(孫權)이 스스로 황제에 올라 도읍으로 삼고 건업(建業)이라 불렀다. 그 후 동진(東晉) 때 건강(建康)으로 개명했으며, 남북조시대 송(宋)·제(齊)·양(梁)·진(晉) 네 왕조가 각각 도읍으로 삼았다. 원(元)나라 때는 북경(北京)을 수도로 삼으면서 이곳을 남경(南京)이라 부르기 시작했다.
- 봉황대(鳳凰臺) : 금릉(金陵) 봉황산(鳳凰山) 위에 위치한 누대. 남북조시대 송(宋)나라 원가(元嘉) 16년(439), 이곳에 세 마리의 오색찬란한 공작새가 날아들어 배회하자 당시 사람들이 그 새들을 봉황이라고 여겼다. 이에 왕의(王顗)가 이곳에 누대를 세우고 '봉황대(鳳凰臺)'라 불렀다.
- 오궁(吳宮) : 삼국시대 오(吳)나라 궁궐.
- 유경(幽徑) : 사람의 발길이 드문 소로(小路).
- 진대(晋代) : 동진(東晉)을 말함.
- 의관(衣冠) : 의복(衣服)과 예모(禮帽). 여기서는 명문세족(名門世族)을 말한다.
- 고구(古丘) : 옛 무덤.
- 삼산(三山) : 산 이름. 금릉(金陵) 서남쪽 장강(長江) 부근에 있는데, 세 봉우리가 나란히 서 있고 남북으로 연결되어 있다. 《경정건강지(景定建康志)》에 다음과 같은 기록이 있다. "其山積石森鬱, 濱於大江, 三峰並列, 南北相連, 故號三山."
- 백로주(白鷺洲) : 금릉(金陵) 서남쪽 장강(長江) 가운데 위치한 물가 섬. 진수(秦水)와 회수(淮水) 두 강물이 중도에서 합류하다가 하류에서 갈라져 한 줄기는 성 안으로 들고 한 갈래는 성 밖을 돌아 흐르는데, 그 중간에 백로주(白鷺洲) 섬이 생겨났다고 한다.
- 이수(二水) : 진수(秦水)와 회수(淮水)를 말함.
- 부운(浮雲) : 뜬 구름. 여기서는 황제의 성총(聖聰)을 흐리게 하는 소인들을 말한다.
- 폐일(蔽日) : 해를 가리다. 곧 간신들이 참언(讒言)으로 어진 신하들을 막는다는 의미이다. 육가(陸賈)의 《신어(新語)·신미편(愼微篇)》에 "邪臣之蔽賢, 猶浮雲之障日月也."라고 했다.

12) 여산요기노시어허주(廬山謠寄盧侍禦虛舟)[59]

이백(李白)

我本楚狂人, 鳳歌笑孔丘.[60]
手持綠玉杖, 朝別黃鶴樓.
五嶽尋仙不辭遠, 一生好入名山遊.
廬山秀出南斗傍, 屏風九疊雲錦張.
影落明湖青黛光.
金闕前開二峰長, 銀河倒掛三石梁.
香爐瀑布遙相望, 迥崖遝障凌蒼蒼.
翠影紅霞映朝日, 鳥飛不到吳天長.
登高壯觀天地間, 大江茫茫去不還.

---

59) 이백(李白)은 영왕(永王) 이린(李璘 현종의 16째 아들)의 모반에 연루되어 야랑 유배지로 가던 도중에 사면을 받고, 상원 원년(760년) 강하(江夏 지금의 호북성 무창)에서 심양(潯陽 지금의 강서성 구강)으로 돌아와 여산을 유람하였는데, 이 시는 당시 자신과 함께 여산에 찾았던 벗 노허주(盧虛舟)에게 써서 준 것이다.

60) 《논어(論語)·미자(微子)》에 따르면, 춘추시대 초(楚)나라의 광인(狂人) 접여(接輿)가 난세(亂世)에 도를 행하려고 애쓰는 공자(孔子)를 못마땅하게 여긴 나머지, 공자(孔子)의 문 앞을 지나며 다음과 같이 노래하였다. "봉황이여, 봉황이여. 어찌 그리 덕(德)이 쇠했는가? 지나간 일은 탓할 수 없거니와 앞으로의 일은 고칠 수 있으니, 그만둘지어다 그만둘지어다. 지금 정치하는 사람들은 위태로우니라. [鳳兮鳳兮. 何德之衰. 往者不可諫, 來者猶可追, 已而已而. 今之從政者殆而.]"

黃雲萬里動風色, 白波九道流雪山.
好爲廬山謠, 興因廬山發.
閑窺石鏡清我心, 謝公行處蒼苔沒.
早服還丹無世情, 琴心三疊道初成.
遙見仙人彩雲裏, 手把芙蓉朝玉京.
先期汗漫九垓上, 願接盧敖遊太清.

나는 본래 초(楚)나라 미치광이로
봉황을 노래하며 공자(孔子)를 비웃었지

손에 녹옥장(綠玉杖)을 들고
이른 아침 황학루와 작별하였네

오악(五嶽)의 신선 찾아 길도 멀다 않고
한평생 명산에서 노니는 걸 좋아했네

여산(廬山)은 남두성(南斗星) 부근에서 빼어나고
병풍 같은 구첩(九疊)에는 비단구름 걸쳐있네

여산의 그림자 명호(明湖)에 드리워 검푸르게 빛나네

금궐(金闕) 앞의 두 봉우리 하늘높이 솟구치고
은하수는 삼석량(三石梁)에 거꾸로 걸려있네

향로봉의 황암폭포와 멀리서 서로 마주 보니
중첩된 산봉우리 높이 치솟고 구름은 높고 푸르다

비취 그림자와 붉은 노을이 아침 해에 비추는데
나는 새도 오(吳)나라 장천(長天)을 넘지 못하네

높은 산에 올라 천지간을 둘러보니
장강(長江)은 아득히 흘러가서 다시 오지 않네

만 리 누런 구름에 바람 색깔 변하고
아홉 갈래 물줄기에서 설산(雪山)의 물보라가 일어나네

내가 웅장한 여산을 즐겨 노래하는 이유는
여산의 풍광에서 흥취가 일어나기 때문이네

한가로이 석경(石鏡)을 바라보니 마음이 청정해지고,
사령운(謝靈運)이 노닐던 발자취는 푸른 이끼로 덮였으리

내 일찍이 환단(還丹)을 복용하여 세속의 정을 끊고
삼단(三丹)을 수련했더라면 도(道)를 이미 이루었으리라

멀리 비단 구름 속의 신선을 바라보니
손에 부용화(芙蓉花)을 들고 옥경(玉京)에서 조회를 하네

신선이 사는 구해(九垓)에서 만나기로 약속했다고 하니
노오(盧敖)를 맞이하여 태청에서 노닐고자 하노라

주해

- 노허주(盧虛舟) : 자는 유진(幼眞), 범양(範陽: 지금의 北京 大興縣)인이다. 당(唐)나라 숙종(肅宗) 때 전중시어사(殿中侍禦史)를 지냈으며, 일찍이 이백(李白)과 여산(廬山)에서 노닐었다.
- 초광인(楚狂人) : 춘추시대 초(楚)나라의 육통(陸通)을 말하는데, 자가 접여(接輿)이다. 당시 초(楚)나라 소왕(昭王)의 정치에 불만을 갖고 거짓 미치광이 행세를 하면서 벼슬에 나아가지 않았기 때문에 사람들이 '초광(楚狂)'이라 불렀다.
- 녹옥장(綠玉杖) : 녹옥(綠玉)으로 장식한 지팡이.
  선인(仙人)의 지팡이로 비유된다.
- 오악(五嶽) : 동악태산(東嶽泰山), 서악화산(西嶽華山), 남악형산(南嶽衡山), 북악항산(北嶽恒山), 중악숭산(中嶽嵩山)을 말한다.
- 남두(南斗) : 이십 팔 수(宿) 중의 하나인 두수(斗宿)를 말함.
  宿(별자리 수)
- 명호(明湖) : 중국 최대의 담수호인 파양호(鄱陽湖)를 말한다. '팽려택(彭蠡澤)', '팽택(彭澤)' 또는 '팽호(彭湖)'라고도 한다. 강서성 북부에 위치하고 있으며, 공강(贛江), 수수(修水), 반강(鄱江), 신강(信江), 무강(撫江) 등이 이 호수를 거쳐 장강(長江)으로 들어간다.
- 병풍구첩(屛風九疊) : 여산(廬山) 오로봉(五老峰) 동쪽에 있는 구첩병(九疊屛)을 말함.
- 청대(青黛) : 청흑색을 말한다.
- 금궐(金闕) : 황금빛 문루(門樓). 곧 여산의 석문(石門)을 말한다. 여산 서남쪽의 철선봉(鐵船峰)과 천지산(天池山)이 서로 대치하는 모습을 '석문(石門)'으로 비유한 말이다.
- 은하(銀河) : 폭포를 의미한다.
- 삼석량(三石梁) : 여산(廬山)의 괴석(怪石) 이름. 삼석량의 위치에 대해서는 오로봉(五老峰) 서쪽, 간적관(簡寂觀) 부근, 개선사(開先寺) 부근, 자하봉(紫霄峰) 위쪽 등 여러 가지 설이 있으나, 오로봉 서쪽에 있다는 설이 가장 유력하다.

- 향로(香爐) : 여산 남쪽의 향로봉(香爐峰)을 말한다.
- 폭포(瀑布) : 황암폭포(黃岩瀑布)를 말한다.
- 회애답장(回崖遝嶂) : 구불구불한 산벼랑과 중첩된 산봉우리.
  遝(뒤섞일 답, tà)
- 대강(大江) : 장강(長江)을 말한다.
- 황운(黃雲) : 어두운 구름 색깔.
- 백파구도(白波九道) : 아홉 갈래 물줄기. 옛날에는 장강(長江)이 심양(潯陽)에 이르러 아홉 갈래 지류로 나뉘었다고 전해진다.
- 설산(雪山) : 흰 물결. 하얗게 일어나는 물보라.
- 석경(石鏡) : 여산(廬山) 동남쪽에 매달려 있는 거울 바위.
- 사공(謝公) : 남조(南朝) 송(宋)나라의 사령운(謝靈運)을 말한다. 사령운은 일찍이 팽려호(彭蠡湖)와 여산(廬山)을 노닐면서 "반애조석경(攀崖照石鏡)"이란 시구를 남겼다.
  《사강락집(謝康樂集)·입팽려호구(入彭蠡湖口)》
- 복(服) : 복식(服食)하다. 복약(服藥)하다.
- 환단(還丹) : 도가(道家)의 연단(煉丹)을 의미한다.
- 금심삼첩(琴心三疊) : 도가(道家)에서 연단수련(鍊丹修練)을 통해 심신이 조화로운 상태를 유지하는 것을 말한다. '삼첩(三疊)'은 삼단전(三丹田)을 말한다. '금심(琴心)'은 거문고 연주 소리처럼 심신이 조화로운 것을 말한다.
- 옥경(玉京) : 도가에서 천제(天帝)가 사는 궁궐을 말한다.
- 선기(先期) : 사전에 약속하다.
- 한만(汗漫) : 원래는 '지극히 작고 모호해서 알 수가 없다'는 뜻이었는데, 후세에 이를 신선(神仙)의 이름으로 인용하였다. 고유(高誘)의 注에 "汗漫, 不可知之也."라고 했다.
- 구해(九垓 jiǔ gāi) : 하늘의 중앙과 팔방(八方).
  곧 구중천(九重天)을 말한다.
- 노오(盧敖, BC.275~195) : 자는 옹조(雍照), 연(燕)나라 출신 방사(方士)로 진시황 때 박사를 지냈다. 《회남자(淮南子)·도응훈(道應訓)》의 기록

에 의하면, 노오(盧敖)가 북해(北海)에서 노닐다가 우연히 한 괴선(怪仙)을 만난 후 그와 함께 유람을 떠나고자 했다. 그러자 괴선(怪仙)이 말하기를 "나는 한만(汗漫)과 구해(九垓) 밖에서 만나기로 해서 오래 머물 수가 없다. [吾與汗漫期於九垓之外, 吾不可以久駐.]"라고 하면서 순식간에 구름 속으로 사라졌다고 한다.

- 태청(太淸) : 높은 하늘. 천도(天道). 《갈관자(鶡冠子)·도만(度萬)》에 "唯聖人能正其音, 調其聲, 故其德上及太淸, 下及太寧, 中及萬靈."이라 했는데, 육전(陸佃)의 주에 "太淸, 天也."라고 풀이했다.

13) 산중대작(山中對酌)[61]

兩人對酌山花開
一杯一杯復一杯
我醉欲眠君且去
明日有意抱琴來

두 사람이 마주 앉아 수작하는데 산에는 꽃 피어 있으니
한 잔 한 잔 다시 또 한 잔
나는 취해 자려고 하니 그대는 가도 좋다
내일 아침 여흥이 남아 있거든 거문고를 안고 다시 오시게

61) 이 시는 《이태백집(李太白集)》 권23에 실려 있는데 제목이 《산중여유인대작(山中與幽人對酌)》으로 되어 있다.

주해

- 유인(幽人) : 은거하는 사람. '은사(隱士)'와 같다. 《주역(周易)·이괘(履卦)》에 나온다. "履道坦坦, 幽人貞吉."
- 대작(對酌) : 마주 앉아 술을 마시다.
- 아취욕면군차거(我醉欲眠君且去) : 이 구절은 도연명(陶淵明)의 전고(典故)가 있다. 《송서(宋書)·도연명전(陶淵明傳)》에 "潛不解音聲, 而畜素琴一張, 無弦, 每有酒適, 輒撫弄以寄其意. 貴賤造之者, 有酒輒設. 潛若先醉, 便語客 : '我醉欲眠卿可去', 其真率如此."라고 했다.
- 군(君) : 그대. 여기서는 '유인(幽人)'을 가리킨다. 일설에는 '경(卿)'으로 되어 있다.
- 유의(有意) : 기쁘다. 즐겁다.

14) 장진주(將進酒)[62]

君不見, 黃河之水天上來, 奔流到海不復回.
君不見, 高堂明鏡悲白髮, 朝如青絲暮成雪.
人生得意須盡歡, 莫使金樽空對月.
天生我材必有用, 千金散盡還復來.
烹羊宰牛且爲樂, 會須一飮三百杯.

---

62) 이 시는《이태백집(李太白集)》권3에 실려 있다.《장진주(將進酒)》는 한(漢)나라 단소요가(短簫鐃歌) 22曲 중의 하나인데, 이백이 이 악부체(樂府體)를 모방하여 지은 것이다.《악부시집(樂府詩集)》권16에《고금악록(古今樂錄)》을 인용하여 말하기를 "漢鼓吹鐃歌十八曲, 九曰《將進酒》."라고 했다.

岑夫子, 丹丘生, 將進酒, 杯莫停.
與君歌一曲, 請君爲我傾耳聽.
鍾鼓饌玉不足貴, 但願長醉不復醒.
古來聖賢皆寂寞, 惟有飮者留其名.
陳王昔時宴平樂, 斗酒十千恣歡謔.
主人何爲言少錢, 徑須沽取對君酌.
五花馬, 千金裘,
呼兒將出換美酒, 與爾同銷萬古愁.

그대는 보지 못했는가?
황하의 물이 천상에서 내려와 바다로 도도히 흘러들어
다시 돌아오지 못하는 것을

그대는 보지 못했는가?
고당의 밝은 거울 속 백발을 슬퍼하며 아침에는
푸른 실 같더니 저녁에는 하얀 눈으로 변한 것을

사람이 살면서 뜻을 얻으면 모름지기 마음껏 즐겨야하니
금술잔 들고 헛되이 밝은 달을 대하지 말라

하늘이 내게 재주를 내린 것은 반드시 쓸모가 있어서이니
천금은 다 써도 다시 거둘 것이다

양을 삶고 소를 잡아 마음껏 즐기리니
마땅히 한 번에 삼백 잔은 마셔야 하네

잠부자(岑夫子)여
단구생(丹丘生)이여

그대들에게 잔을 권하나니
술잔을 멈추지 말라

그대들을 위해 노래 한 곡 부르리니
귀 기울여 들어주시게

산해진미가 귀한 것이 아니요
다만 오래도록 취해 다시 깨어나지 않기를 바라노라

예전부터 성현(聖賢)들은 모두 조용하지만
술 마신 자만이 오직 자신의 이름을 남겼다네

진왕(陳王)은 평락관에서 연회를 열고
진귀한 술을 마시며 즐거움을 누렸다네

주인장은 어찌 돈이 적다고 하는가?
빨리 술을 가져와서 벗들과 대작하게 하라

오화마도 있고
천금구도 있으니

사람을 불러 모두 좋은 술로 바꿔오게
그대들과 함께 이 만고의 근심을 풀어보리라

주해

- 장진주(將進酒 qiāng jìn jiǔ) : 술을 권하다. 악부체(樂府體)의 제목이다. '장(將)'은 '청(請)'과 같다. 將(권할 장)
- 군불견(君不見) : 악부시(樂府詩)에서 사람을 일깨울 때 쓰는 말이다.
- 고당(高堂) : 집의 정실마루. 대청마루. 일설에는 "상두(床頭)"로 되어 있다.
- 청사(青絲) : 부드러운 검은 머리. 일설에는 "청운(青雲)"으로 되어 있다.
- 성설(成雪) : 하얀 눈으로 변하다. 일설에는 "여설(如雪)"로 되어 있다.
- 득의(得意) : 마음에 맞아 즐거울 때.
- 팽양재우(烹羊宰牛) : 양을 삶고 소를 잡다. 烹(삶을 팽) 宰(죽일 재)
- 회수(會須) : 응당. 마땅히. 원(元)나라 왕운(王惲)의 《평호락(平湖樂)》에 "會須滿載, 百壺春酒, 撾鼓蕩風猗."라고 했다.
- 일음삼백배(一飮三百杯) : 한 번에 삼백 잔을 마시다. 《세설신어(世說新語)·문학(文學)》의 《정현열전(鄭玄列傳)》주(註)에 나온다. "袁紹辟玄, 及去, 餞之城東. 欲玄必醉, 會者三百餘人, 皆離席奉觴, 自旦及莫, 度玄飮三百餘杯, 而溫克之容, 終日無怠."라고 했다. 이후 통쾌하게 술을 마시는 것을 '一飮三百杯'라고 하게 되었다.
- 잠부자(岑夫子) : 이백의 친구 잠훈(岑勳).
- 단구생(丹丘生) : 이백의 친구 원단구(元丹丘).
- 배막정(杯莫停) : 잔을 멈추지 말라.
  일설에는 "군막정(君莫停)"으로 되어 있다.
- 여군(與君) : 그대들을 위하여. '여(與)는 위하다는 뜻이다.
  '군(君)'은 잠부자(岑夫子)와 단구생(丹丘生)을 말한다.
- 경이청(傾耳聽) : 귀를 기울여 듣다.
  일설에는 "측이청(側耳聽)"으로 되어 있다.
- 종고(鍾鼓) : 귀족들이 연회자리에서 사용하던 악기.

- 찬옥(饌玉 (zhuàn) : 옥과 같이 진귀한 음식.
- 불부성(不復醒) : 술에 취해 다시 깨어나지 않다.
  일설에는 "불용성(不用醒)" 또는 "불원성(不願醒)"으로 되어 있다.
- 진왕(陳王) : 조조(曹操)의 셋째 아들인 진사왕(陳思王) 조식(曹植)을 말함.
- 평락(平樂 píng lè) : 평락관(平樂觀).
  낙양(洛陽) 서문 밖에서 귀족들이 연회를 베풀던 장소이다.
- 두주십천(斗酒十千) : 술 한 말의 값이 만전(萬錢)이 되는 좋은 술.
  진사왕(陳思王) 조식(曹植)이 평락관(平樂觀)에서 연회를 베풀 때 이런 술을 마셨다고 한다.
- 자(恣 zì) : 마음껏. 멋대로. 恣(방자할 자)
- 학(謔 xuè) : 즐겁게 노는 모양. 謔(즐겁게 놀 학)
- 언소전(言少錢) : 돈이 적다고 말하다.
  일설에는 "언전소(言錢少)"로 되어 있다.
- 경수(徑須) : 즉시. 마땅히. '직수(直須)'와 같다.
- 고(沽) : 사다. '고(酤)'와 통한다. 沽(살 고) 酤(술을 살 고)
- 오화마(五花馬) : 말의 털빛이 오색 무늬를 띤 명마(名馬).
- 천금구(千金裘) : 천금이나 나가는 비싼 가죽옷이나 털옷. 裘(갖옷 구)
- 이(爾) : 그대. 너. 爾(너 이)
- 소(銷 xiāo) : 녹이다. '소(焇)'와 같다.

11. 두보(杜甫)[63]

1) 춘망(春望)[64]

國破山河在, 城春草木深.
感時花濺淚, 恨別鳥驚心.
烽火連三月, 家書抵萬金.
白頭搔更短, 渾欲不勝簪.

나라는 망했어도 산천은 의구하니
봄날 성안에 초목만 무성하구나

시국을 생각하니 꽃만 봐도 눈물이 나고
이별이 한스러워 새소리에도 놀라네

---

63) 두보(杜甫, 712~770) : 자는 자미(子美), 호는 소릉(少陵), 자칭 소릉야노(少陵野老). 중국 최고의 시인으로서 '시성(詩聖)'이라 불렸으며, 이백(李白)과 병칭하여 '이두(李杜)'라고 일컫는다. 과거에 급제하지 못하고 나중에 성도(成都) 절도사 엄무(嚴武)의 막료(幕僚)로서 공부원외랑(工部員外郎)을 지냈다. 두보의 시는 당시 사회모순을 날카롭게 지적한 사회시가 많았으며, 당(唐)나라가 전성기에 쇠퇴기로 넘어가는 과정을 노래했기 때문에 '시사(詩史)'라고도 불린다. 《두공부집(杜工部集)》에 시가(詩歌) 1,400여 수가 전한다.

64) 《춘망(春望)》은 두보가 안사(安史)의 난(亂)으로 황폐해진 장안의 모습과 전란으로 헤어진 가족에 대한 그리움을 표현한 시이다.

봉화불이 석 달 동안 계속 타오르니
집에서 온 편지는 만금이나 나간다

시름에 흰 머리를 긁어대니 더욱 짧아져서
거의 비녀조차 이길 수가 없구나

주해

- 국(國) : 국도(國都). 곧 장안(長安)을 가리킨다.
- 파(破) : 함락되다.
- 산하재(山河在) : 옛 산천은 의구(依舊)하다.
- 성(城) : 장안성(長安城).
- 감시(感時) : 시국(時局)에 대한 감상.
- 천루(濺淚 jiān lèi) : 눈물을 흘리다. 濺(흩뿌릴 천)
- 봉화(烽火) : 변방의 전쟁을 알리는 불.
- 저(抵 dǐ) : ~의 가치가 있다. 상당하다. 抵(거스를 저)
- 백두소(白頭搔) : 백발을 긁적이다.
  搔(긁을 소 sāo)
- 혼(渾 hún) : 거의. 전혀.
- 불승잠(不勝簪) : 비녀를 이길 수 없다.
  簪(비녀 잠 zān)

2) 등악양루(登岳陽樓)[65)]

두보(杜甫)

昔聞洞庭水, 今上岳陽樓.
吳楚東南坼, 乾坤日夜浮.
親朋無一字, 老病有孤舟.
戎馬關山北, 憑軒涕泗流.

예전에 동정호에 대해 들었는데
이제서야 악양루(岳陽樓)[66)]에 올랐네

65) 이 시는 두보(杜甫)가 죽기 2년 전인 767년(57세)에 지은 것이다. 당시 두보는 몸이 노쇠하고 생활이 곤경에 처했는데, 유랑 중에 악양루(岳陽樓)에 올라 동정호를 바라보다가 우국(憂國)과 향수(鄕愁)에 젖어 이 오언율사(五言律詩)를 지었다.

66) 중국의 '강남삼대명루(江南三大名樓)' 중의 하나이다. 강남삼대명루(江南三大名樓)는 곧 강서(江西) 남창(南昌)의 등왕각(滕王閣), 호북(湖北) 무한(武漢)의 황학루(黃鶴樓), 호남(湖南) 악양(岳陽)의 악양루(岳陽樓)를 말한다. 악양루는 원래 삼국시대 오(吳)나라의 명장인 노숙(魯肅)이 건립한 군루(軍樓)였다. 동한(東漢) 건안(建安) 20년(215) 손권(孫權)과 유비(劉備)가 형주(荊州)를 놓고 다툴 때 노숙(魯肅)이 전략적 요충지인 파구(巴丘)에 주둔하면서 동정호(洞庭湖)에서 군사를 훈련시키며 동정호 인근에 파구성(巴丘城)을 건립하고 수군(水軍)의 검열을 위한 열군루(閱軍樓)로 건설한 것이 현재 악양루(嶽陽樓)의 전신이다. 이 열군루(閱軍樓)는 양진(兩晉)과 남북조(南北朝) 시기에 '파릉성루(巴陵城樓)'로 개명되었으며, 시인들이 시를 짓기 시작하였다. 당(唐)나라 현종(玄宗) 개원(開元) 4년(716)에 중서령(中書令) 장열(張說)이 악주(岳州)에 귀양 와

오(吳)나라와 초(楚)나라는 동남으로 갈라져 있고
건곤(乾坤)은 밤낮으로 떠 있다

친한 벗에게 소식 한 자 없고
늙고 병든 나에게는 외로운 배 한 척뿐

오랑캐 군대가 관산 이북을 막고 있으니
난간에 기대어 눈물만 흘리노라

주해

- 악양루(嶽陽樓) : 호남성 악양시(嶽陽市) 서문루(西門樓)를 말함. 아래로 동정호(洞庭湖)가 내려다보이는 명승지이다.
- 오초(吳楚) : 동정호(洞庭湖)를 중심으로 오(吳)나라는 동쪽에 초(楚)는 남쪽에 있다.
- 탁(坼, chè) : 터지다, 분열되다.
- 건곤(乾坤, qián kūn) : 천지(天地) 혹은 일월(日月)을 말한다.
- 무일자(無一字) : 소식을 전하는 편지조차 없다. '자(字)'는 편지를 말한다.
- 융마(戎馬) : 전쟁을 의미한다. 이 해 토번(吐蕃)이 중국을 침입하자, 곽자의(郭子儀)가 군사 5만을 이끌고 봉천(奉天)에서 방비했다.
- 빙헌(憑軒, píng xuān) : 창이나 난간에 기대다. 憑(기댈 빙)
- 체사(涕泗, tì sì) : 눈물과 콧물.

서 누각을 보수하고 '악양루(岳陽樓)'로 명명하였고, 후세에 "동정천하수, 악양천하루(洞庭天下水, 岳陽天下樓)"로 불리게 되었다. 그 후 장구령(張九齡)·맹호연(孟浩然)·가지(賈至)·이백(李白)·두보(杜甫)·한유(韓愈)·유우석(劉禹錫)·백거이(白居易)·이상은(李商隱) 등이 무수한 시와 글을 남겼는데, 그 중에서도 맹호연(孟浩然)의 「망동정호증장승상(望洞庭湖贈張丞相)」과 두보(杜甫)의 「등악양루(登岳陽樓)」 및 범중엄(范仲淹)의 「악양루기(岳陽樓記)」가 가장 유명하다.

3) 촉상(蜀相)[67]

丞相祠堂何處尋, 錦官城外柏森森.
映階碧草自春色, 隔葉黃鸝空好音.
三顧頻煩天下計, 兩朝開濟老臣心.
出師未捷身先死, 長使英雄淚滿襟.

승상의 사당을 어디에서 찾을까
금관성 밖 측백나무 울창한 곳이네

푸른 풀이 계단을 비추니 절로 봄빛을 띠고
노란 꾀꼬리가 나뭇잎 너머에서 공연히 지저귄다

삼고초려로 천하의 계책을 자주 논의하고
부자양조(父子兩朝)를 섬긴 것은 늙은 신하의 충심이네

출사하여 승리하지 못하고 먼저 죽으니
오래도록 영웅들의 눈물이 소매를 적시게 한다

---

67) 《촉상(蜀相)》은 숙종(肅宗) 상원(上元) 원년(元年, 760), 두보가 49세에 관중(關中)에서 성도(成都)로 옮겨온 첫 해에 지은 영사시(詠史詩)이다. 앞의 네 구는 무후사(武侯祠)의 경관을 묘사하였고, 뒤의 네 구는 제갈량(諸葛亮)의 일생을 서술하였다.

주해

- 촉상(蜀相) : 삼국시대 촉(蜀)나라 승상 제갈량(諸葛亮)을 말함.
- 승상사당(丞相祠堂) : 성도(成都)에 있는 제갈무후사(諸葛武侯祠). 진(晉)나라 이웅(李雄)이 세웠다.
- 금관성(錦官城) : 성도(成都)를 말함.
- 백삼삼(柏森森 bǎi sēnsēn) : 측백나무가 무성하고 울창한 모습.
- 공(空) : 공연히. 헛되이.
- 삼고빈번천하계(三顧頻煩天下計) : 세 번이나 자주 찾아와 천하대계(天下大計)를 논하다. '빈번(頻煩)'은 '빈번(頻繁)'과 같다.
- 양조개제(兩朝開濟) : 제갈량(諸葛亮)이 유비(劉備)를 도와 촉(蜀)나라를 세웠고, 다시 유선(劉禪)을 보좌한 것을 말한다. '양조(兩朝)'는 유비(劉備)와 유선(劉禪) 부자양조(父子兩朝)를 말한다.
  '개(開)'는 개창(開創)의 뜻이다. '제(濟)'는 돕는다는 뜻이다.
- 출사미첩(出師未捷) : 출사(出師)하여 승리하지 못하다. 제갈량은 여러 차례 북벌(北伐)에 나섰지만 이기지 못하고, 촉(蜀) 건흥(建興)12년(234) 오장원(五丈原)에서 병사했다. '출사(出師)'는 '출병(出兵)'과 같다.

4) 절구(絶句) 2수[68]

기일(其一)

遲日江山麗
春風花草香

68) 이 시는 광덕(廣德) 2년(764) 늦봄, 두보(杜甫)가 사천초당(四川草堂)에 머무를 때 지은 시이다.

泥融飛燕子
沙暖睡鴛鴦

강산은 봄빛에 물들어 아름다운데
봄바람이 화초 향기를 전해온다
나는 제비는 부드러운 진흙으로 둥지를 짓고
원앙새는 따뜻한 모래사장에서 졸고 있다

주해

- 지일(遲日) : 봄날. 봄이 되면 해가 점점 길어지기 때문에 나온 말이다.
- 니융(泥融) : 윤기가 나고 부드러운 진흙.
- 사난(沙暖) : 따스한 모래사장. 暖(따뜻할 난)
- 원앙(鴛鴦) : 물새. 항상 암수가 짝지어 다닌다.

기이(其二)

江碧鳥逾白
山青花欲燃
今春看又過
何日是歸年

푸른 강물에 물새는 더욱 하얗고
푸른 산에 핀 들꽃은 불꽃처럼 타오른다

금년 봄도 머지않아 또 지나가리니
언제나 고향으로 돌아갈 수 있을까

주해

- 조(鳥) : 여기서는 강에 사는 갈매기를 말한다.
- 화욕연(花欲燃) : 불꽃처럼 피어난 붉은 꽃.

5) 봉황대(鳳凰臺)[69]

亭亭鳳凰臺, 北對西康州.
西伯今寂寞, 鳳聲亦悠悠.
山峻路絶蹤, 石林氣高浮.
安得萬丈梯, 爲君上上頭.
恐有無母雛, 饑寒日啾啾.
我能剖心出, 飮啄慰孤愁.
心以當竹實, 炯然無外求.
血以當醴泉, 豈徒比淸流.
所貴王者瑞, 敢辭微命休.
坐看彩翮長, 擧意八極周.

69) 이 시는 두보(杜甫)가 당(唐)나라 건원(乾元) 2년(759)에 진주(秦州: 지금의 甘肅 天水)에서 동곡(同穀縣: 지금의 甘肅 成縣)으로 가는 도중에 지은 기행시(紀行詩) 20수 중의 하나이다.

自天銜瑞圖，飛下十二樓.
圖以奉至尊，鳳以垂鴻猷.
再光中興業，一洗蒼生憂.
深衷正爲此，群盜何淹留.

우뚝 솟은 봉황대
북쪽으로 서강주(西康州)를 마주하고 있네

서백(西伯)이 죽은 지 이미 오래되었으니
봉황의 울음소리도 아득하구나

산은 험준하여 길이 끊겼고
석림(石林)은 기세 좋게 높이 떠 있네

어떻게 하면 만 길 사다리를 타고
우리 인군(人君)을 위해 꼭대기에 오를까

어미 없는 새끼들이
추위와 굶주림에 울어댈까 두렵구나

능히 내 심장을 갈라서
쪼아 먹고 마시게 하여 새끼를 위로하리라

심장으로 죽실(竹實)을 대신하면
마음이 밝아져서 다른 것을 구하지 않으리

피로써 예천(禮泉)을 대신하니
어찌 한갓 맑은 물에 비하겠는가

소중한 것은 왕자(王者)의 상서(祥瑞)이니
감히 미천한 목숨을 바치는 걸 사양하랴

어린 봉황의 채색 날개 자라서
마음껏 팔방을 나는 모습을 볼 수 있으리

하늘로부터 서도(瑞圖)를 물고
십이루(十二樓)로 날아 내려오네

서도(瑞圖)를 지존에게 받들어 올리면
봉황으로 후세에 성덕(聖德)을 남기시리라

다시 중흥의 대업을 빛내고
크게 창생의 근심을 씻어 주리라

깊은 충정이 바로 이와 같으니
도적들이 어찌 오래 머물 수 있겠는가

주해

- 봉황대(鳳凰臺) : 산 이름. 지금의 감숙성(甘肅省) 성현(成縣) 동남 70리 비룡협(飛龍峽)에 위치해 있다.
- 정정(亭亭) : 우뚝 솟은 모양.
- 서강주(西康州) : 동곡현(同谷縣)을 말한다. 무덕(武德) 원년에 동곡현을 서강주에 편입했다가 정관(貞觀) 원년에 폐했다. 《신당서(新唐書)·지리지(地理志)》 4에 이런 기록들이 보인다. 봉황대(鳳凰臺)가 동곡현 동남에 있기 때문에 '북대(北對)'라고 한 것이다.
- 서백(西伯) : 상(商)나라 주왕(紂王)이 일찍이 주(周)나라 문왕(文王)을 서백(西伯)으로 봉했다.
- 적막(寂寞) : 죽은 지 이미 오래되었다는 말이다.
- 봉성(鳳聲) : 봉황의 울음소리. 《국어(國語)·주어상(周語上)》의 기록에 의하면, 주(周)나라 문왕(文王) 때 기산(岐山)에서 봉황의 울음소리가 들려 주(周)나라 부흥의 단서가 되었다고 한다.
- 군상(君上) : 일설에는 '군거(君居)'로 되어 있다.
- 추추(啾啾) : 새끼 봉황의 울음소리. 일설에는 '조추(啁啾)'로 되어 있다. 啁(우는소리 조) 啾(소리 추)
- 출(出) : 일설에는 '혈(血)'로 되어 있다.
- 고(孤) : 어미 없는 새끼 봉황을 의미한다.
- 죽실(竹實) : 대나무 열매. 대나무 꽃이 드물게 피기 때문에 죽실(竹實)은 더욱 진귀하다. 전설에 봉황은 죽실(竹實)만 먹는다고 한다.
- 무(無) : 일설에는 '망(忘)'으로 되어 있다.
- 예천(醴泉) : '감천(甘泉)'과 같다. 《장자(莊子)·추수(秋水)》 편에 의하면, 봉황은 예천의 물이 아니면 마시지 않는다고 한다.
- 청류(清流) : 곧 '예천(醴泉)'을 말한다.
- 귀(貴) : 일설에는 '중(重)'으로 되어 있다.
- 좌간(坐看) : 앉아서 보다. '장간(將看)'과 같다.
- 채핵(彩翮) : 아름다운 채색 날개. 翮(깃촉 핵)

- 장(長) : 일설에는 '거(擧)'로 되어 있다.
- 거의(擧意) : 마음껏. '방회(放懷)'와 같다.
'거(擧)'는 일설에 '종(縱)'으로 되어 있다.
- 서도(瑞圖) : 하늘이 내린 제왕(帝王)의 수명(受命)에 관한 상서(祥瑞)로운 도서(圖書)를 말한다. 《춘추합성도(春秋合誠圖)》에 의하면, 황제(黃帝)가 일찍이 현호산(玄扈山) 아래 낙수(洛水) 가에서 대사마(大司馬) 용광(容光), 좌우보(左右輔) 주창(周昌) 등 100여 인과 함께 유관(遊觀)하고 있을 때 봉황이 도서를 물고 날아와서 황제의 앞에 바치므로, 황제가 절하고 그 도서를 받았다고 한다.
- 십이루(十二樓) : 전설에 의하면 곤륜산(崑崙山) 십이옥루(十二玉樓)에 신선이 산다고 한다.
- 봉(奉) : 일설에는 '헌(獻)'으로 되어 있다.
- 수홍유(垂鴻猷) : 후세에 성덕(聖德)을 남기다.
- 광(光) : 발양(發揚)하다.
- 심충(深衷) : 깊은 뜻. 깊은 충정(衷情).
- 정(正) : 일설에는 '지(止)'로 되어 있다.
- 군도(群盜) : 여기서는 안사(安史)의 난(亂)을 일으킨 반군을 말한다.
- 엄류(淹留) : 오래도록 머무르다.

12. 왕유(王維)[70]

1) 종남별업(終南別業)[71]

中歲頗好道
晚家南山陲
興來每獨往
勝事空自知

行到水窮處
坐看雲起時
偶然値林叟
談笑無還期

---

70) 왕유(王維, 699~759) : 중국 성당(盛唐)의 시인·화가. 자는 마힐(摩詰), 산서성(山西省) 출신이다. 시성(詩聖) 두보(杜甫), 시선(詩仙) 이백(李白)과 견주어 '시불(詩佛)'이라고 불린다. 왕유는 서화(書畫)에도 뛰어나서 남종산수화(南宗山水畵)의 시조(始祖)로 추앙된다. 북송(北宋) 소식(蘇軾)은 왕유를 극찬하기를 "味摩詰之詩, 詩中有畫. 觀摩詰之畫, 畫中有詩."라고 했다.

71) 《종남별업(終南別業)》은 왕유(王維) 만년에 해당하는 당(唐)나라 숙종(肅宗) 건원원년(乾元元年, 758)이후에 지어진 작품으로, 벼슬에서 물러나 초야에 은거한 작자의 한적(閑適)한 삶을 노래하고 있다.

중년부터 이미 도(道)를 좋아하였는데
만년에서야 종남산 기슭에 거처를 정하였네
흥취가 일어나면 매번 홀로 유유자적하고
좋은 일이 생기면 다만 스스로 음미할 뿐이라네

때로는 걸어서 물길의 근원지를 찾아가보고
때로는 앉아서 구름의 천변만화를 살펴본다
우연히 산중에 사는 노인을 만나게 되면
담소하느라 집에 돌아갈 줄도 모른다

주해

- 중세(中歲) : 중년.
- 도(道) : 여기서는 불교(佛敎)를 말한다.
- 가(家) : 집을 짓다. 거처를 마련하다.
- 남산우(南山陲) : 왕유(王維)의 망천별장(輞川別莊)이 있는 종남산 기슭.
  '남산(南山)'은 종남산(終南山)을 말한다.
  '우(陲 chuí)' 는 옆, 부근의 뜻이다.
- 독왕(獨往) : 독왕독래(獨往獨來). 만물을 초탈하여 천지간에 홀로 자신의 뜻을 행하다.
- 승사(勝事) : 좋은 일.
- 치(値 zhí) : 만나다. 値(만날 치)
- 수(叟 sǒu) : 노인. 늙은이. 叟(늙은이 수)
- 무환기(無還期) : 담소를 나누다가 집으로 돌아갈 줄을 모르다.

2) 서사(書事)[72)]

輕陰閣小雨
深院晝慵開
坐看蒼苔色
欲上人衣來

보슬비는 멈췄으나 날씨가 여전히 흐려
한낮이 되어서야 안뜰 문을 열었네
고요히 앉아 푸른 이끼를 바라보니
푸른빛이 내 옷까지 물들이려 한다

주해

- 서사(書事) : 시인이 눈앞의 사물들을 보고 자신의 순간적인 느낌을 시문(詩文)으로 표현하는 것을 말한다.
- 경음(輕陰) : 날씨가 조금 흐리다. '미음(微陰)'과 같다.
- 각(閣 gé) : 멈추다. 저지하다. '각(擱)'과 같다. 擱(놓을 각)
- 용(慵 yōng) : 게으르다. '나(懶)'와 같다. 慵(게으를 용)
- 욕(欲) : 거의. 하마터면.

---

72) 《서사(書事)》는 왕유(王維)가 오언절구(五言絶句) 형식으로 쓴 사경시(寫景詩)이다.

3) 산거추명(山居秋暝)[73]

空山新雨後, 天氣晩來秋.
明月松間照, 清泉石上流.
竹喧歸浣女, 蓮動下漁舟.
隨意春芳歇, 王孫自可留.

빈 산에 바야흐로 비가 그치니
저녁 날씨는 완연히 초가을이네
밝은 달이 소나무 사이로 비추고
맑은 샘물은 바위 위를 흐른다

빨래하는 여인들 돌아가니 대숲이 소란하고
고깃배가 지나가니 연잎이 흔들린다
봄날 무성했던 화초들은 모두 보이지 않으나
가을산도 좋으니 왕손이 머무를 만하다

주해

- 명(暝 míng) : 해가 지다. 날씨가 어두워지려하다. 暝(해질 명)
- 공산(空山) : 광활한 산야(山野). '공(空)'은 '공광(空曠)'의 뜻이다.

---

73) 《산거추명(山居秋暝)》은 왕유(王維)가 가을비가 내린 후 산촌(山村)의 아름다운 풍광과 촌민(村民)들의 소박한 생활상을 생동감 있게 묘사한 시이다.

- 신(新) : 방금. 이제 막.
- 죽훤(竹喧) : 대나무 숲에서 들려오는 시끄러운 웃음소리.
  여기서는 대숲 바람소리를 말한다. 喧(시끄러울 훤)
- 완녀(浣女 huàn nǚ) : 물가에서 빨래하는 아가씨. 浣(세탁할 완)
- 수의(隨意) : 설사 ~할지라도. ~과 상관없이.
  '임빙(任凭)' '무론(無論)'과 같다.
- 춘방(春芳) : 봄날 피어난 화초.
- 헐(歇 xiē) : 그치다. 없어지다. 歇(없어질 헐)
- 왕손(王孫) : 귀족의 자제. 은거하는 사람.
  여기서는 왕유(王維) 자신을 말한다.
- 유(留) : 살다. 머무르다. '居'와 같다. 회남소산(淮南小山)의 《초은사(招隱士)》에 "王孫兮歸來, 山中兮不可久留"라는 구절이 나온다.

13. 맹호연(孟浩然)[74]

1) 춘효(春曉)[75]

春眠不覺曉
處處聞啼鳥
夜來風雨聲
花落知多少

봄날 단잠에 날이 새는 줄도 몰랐더니
여기저기 새 우는 소리 들려온다
간밤에 비바람 소리 들리더니
봄 꽃잎이 얼마나 떨어졌을까?

---

74) 맹호연(孟浩然, 689~740) : 중국 당(唐)나라 때 산수전원(山水田園) 시인(詩人). 자는 호연(浩然), 호(號)는 맹산인(孟山人)이며, 녹문거사(鹿門居士)로 불린다. 양양(襄陽) 사람으로 절개와 의리를 존중하였고, 한 때 녹문산(鹿門山)에 은거하면서 시 짓는 일에 전념하였다. 40세 때 장안(長安)에 나아가 이름을 날렸고, 왕유(王維)·장구령(張九齡) 등과 사귀었다.

75) 《춘효(春晓)》는 맹호연(孟浩然)이 젊어서 녹문산(鹿门山)에 은거할 때 지은 작품이다.

주해

- 춘효(春曉) : 봄날 이른 아침.
- 효(曉) : 날이 밝을 무렵. 이른 새벽.
- 제조(啼鳥) : 새가 울다. 새가 지저귀는 소리. 啼(울 제)
- 야래풍우성(夜來風雨聲) : 일설에는 "欲知昨夜風"으로 되어 있다. '야래(夜來)'는 '지난 저녁', '간밤'의 뜻이다.
- 화락지다소(花落知多少) : 일설에는 "花落無多少"로 되어 있다. '知多少'는 "不知有多少"의 뜻이다.

2) 망동정호증장승상(望洞庭湖贈張丞相)[76)]

八月湖水平, 涵虛混太清.
氣蒸雲夢澤, 波撼岳陽城.
欲濟無舟楫, 端居恥聖明.
坐觀垂釣者, 空有羨魚情.

팔월 동정호의 물이 불어나 언덕까지 차오르고
하늘이 물에 잠겨 물과 하늘이 하나가 되었네

운몽택(雲夢澤)에 수증기 가득 피어오르고
호수 물결은 악양성(岳陽城)을 뒤흔드네

76) 이 시는 작자가 장안(長安)에서 양양(襄陽)으로 돌아간 후, 다시 남쪽으로 동정호(洞庭湖)를 유람할 때 쓴 것이다.

호수를 건너려 해도 배는 보이지 않고
태평성세에 초야에 묻히니 성군(聖君)에게 부끄럽다

유유자적 낚시하는 이를 앉아서 바라보다가
공연히 물고기 얻을 생각만 하고 있다

주해

- 동정호(洞庭湖) : 중국 호남성(湖南省) 북부에 위치해 있는 제2의 담수호. 악양루(岳陽樓) 앞에 있는 높이 128m의 군산(君山)에는 순제(舜帝)의 죽음을 슬퍼하며 상수(湘水)에 몸을 던진 아황(娥皇)·여영(女英) 두 비(妃)를 모신 묘우(廟宇)가 있다.
- 장승상(張丞相) : 당(唐)나라 현종(玄宗) 때의 재상 장구령(張九齡, 678~740)을 말한다. 장구령의 자는 자수(子壽), 호는 박물(博物), 소주(韶州) 곡강(曲江) 사람이다. 서한(西漢)의 유후(留侯) 장량(張良)의 후예이며, 서진(西晉)의 장무군공(壯武郡公) 장화(張華)의 14세손이다.
  저서로 《곡강집(曲江集)》이 있다.
- 함허(涵虛) : 하늘을 적시다. 곧 하늘이 물속에 잠긴 것을 말한다.
  '함(涵)'은 포용(包容)의 뜻이다.
  '허(虛)'는 허공(虛空) 또는 높은 하늘을 말한다.
- 혼태청(混太清) : 하늘과 하나가 되다. '태청(太清)'은 하늘이다.
- 기증(氣蒸) : 수증기가 피어오르다.
  일설(一說)에는 '기탄(氣呑)'으로 되어 있다.
- 운몽택(雲夢澤) : 태고에 '운몽대택(雲夢大澤)'이라고 불린 큰 호수가 일대를 뒤덮고 있다가, 여러 하천의 퇴적작용에 의해 광대한 호광(湖廣) 평야와 크고 작은 무수한 소택군(沼澤群)이 형성되었는데, 동정호도 그 중의 하나이다.
- 감(撼, hàn) : 뒤흔들다. 일설(一說)에는 '동(動)'으로 되어 있다.

- 욕제무주즙(欲濟無舟楫) : 호수를 건너려 해도 배가 없다. 곧 벼슬에 나아가고자 해도 추천해줄 사람이 없다는 의미이다. '주즙(舟楫)'은 배이다. 楫(노 즙, jí)
- 단거(端居) : 한가로이 살다.
- 성명(聖明) : 태평성세.
- 좌관(坐觀) : 앉아서 바라보다. 일설(一說)에는 '도린(徒憐)'으로 되어 있다.
- 공(空) : 공연히. 부질없이. 일설(一說)에는 '도(徒)'로 되어 있다.
- 선어(羨魚) : 물고기 잡는 것을 부러워하기만 하다. 곧 어떤 일을 성취하고자 할 뿐 아무런 실천이 없는 것을 비유한 말이다. 《회남자(淮南子)·설림훈(說林訓)》에 나온다. "물가에서 물고기 잡기만을 바라는 것은 집에 돌아가 그물망을 짜는 것만 같지 못하다. [臨河而羨魚, 不如歸家織網.]"

14. 맹교(孟郊)[77]

유자음(游子吟)[78]

慈母手中線, 遊子身上衣.
臨行密密縫, 意恐遲遲歸.
誰言寸草心, 報得三春暉.

자애로운 어머니가 손수 바느질로
길 떠나는 자식의 옷을 만드셨네

떠나기 전에 촘촘히 꿰매시는 것은
행여 자식이 늦게 돌아올까 염려해서네

---

77) 맹교(孟郊, 751~814) : 자는 동야(東野), 호주(湖州) 무강(武康) 사람이다. 젊어서부터 숭산(嵩山)에 은거하다가 50세 진사(進士)에 급제하여 율양위(溧陽尉)가 되었다. 맹교는 자신의 곤궁한 생활과 불공평한 사회에 대한 풍자시를 많이 지었다. 특히 오언고시(五言古詩)에 능하여 가도(賈島)와 함께 '고음시인(苦吟詩人)'이라 일컬어진다. 《맹동야집(孟東野集)》 10권이 있다.

78) 《유자음(遊子吟)》은 맹교(孟郊)가 어머니의 사랑에 대해 오언시(五言詩)로 쓴 송가(頌歌)이다. 이 시의 제목 아래 맹교(孟郊)의 "迎母溧上作"이라는 주(註)가 있어, 이 시가 율양(溧陽)[지금의 강소성에 속함]에서 지어졌다는 것을 알 수 있다.

누가 말할 수 있으랴, 한 치 풀과 같은 마음으로
석 달 봄볕과 같은 어머니 마음을 보답할 수 있다고

주해

- 유자(遊子) : 나그네. 길손.
- 음(吟) : 시체(詩體)의 이름.
- 임(臨) : 장차 ~하려 하다.
- 의공(意恐) : 염려하다. 걱정하다.
- 수언(誰言) : 일설에는 "난장(難將)"으로 되어 있다.
- 촌초(寸草) : 작은 풀. 여기에서는 자식을 의미한다.
- 심(心) : 초목의 줄기. 자식의 마음.
- 보득(報得) : 보답하다.
- 삼춘휘(三春暉) : 석 달 봄날의 햇볕. 공 자모(慈母)의 은혜를 말한다. '삼춘(三春)'은 음력 정월 맹춘(孟春), 2월 중춘(仲春), 3월 계춘(季春)을 합한 말이다.

15. 가도(賈島)[79]

1) 제이응유거(題李凝幽居)[80]

閑居少鄰並, 草徑入荒園.
鳥宿池邊樹, 僧敲月下門.
過橋分野色, 移石動雲根.
暫去還來此, 幽期不負言.

한적하게 사는 곳에 이웃도 드문데
숲속 오솔길이 황벽한 정원으로 이어진다

새는 연못가 나무 위에 깃드는데
스님이 달 빛 아래 문을 두드린다

---

79) 가도(賈島, 779~843) : 당(唐)나라 시인. 자는 양선(浪仙) 또는 낭선(閬仙), 자호는 갈석산인(碣石山人), 범양(范陽) 사람이다. 젊어서 승려가 되었는데 법호는 무본(無本)이다. 그후 한유(韓愈)의 영향을 받아 환속해서 장강현(長江縣) 주부(主簿)가 되었다. 소동파(蘇東坡)는 가도(賈島)와 맹교(孟郊)의 풍격을 비교하여 '교한도수(郊寒島瘦)'라고 불렀다.

80) 《제이응유거(題李凝幽居)》는 가도(賈島)가 장안(長安) 교외에 사는 친구 이응(李凝)의 집을 방문했으나 아쉽게 만나지 못하고 돌아오는 마음을 노래한 시이다.

다리를 지나는데 들녘이 아름답고
흰 구름 흘러가니 산 바위가 움직이는 듯하다

잠시 떠났다가 다시 돌아와
함께 은거하자던 약속을 결코 저버리지 않으리

주해

- 이응(李凝) : 장안(長安) 부근에 사는 가도(賈島)의 친구.
  은자(隱者)이지만 생평(生平)이 자세하지 않다.
- 인병(鄰竝) : 이웃. '인거(鄰居)'와 같다.
- 황원(荒園) : 이응(李凝)의 황벽(荒僻)한 거처를 말한다.
- 지변(池邊) : 일설에는 "지중(池中)"으로 되어 있다.
- 운근(雲根) : 석근운기(石根雲氣). 바위. 옛사람들이 "구름은 바위에 부딪쳐 생겨난다.[雲觸石而生]"고 여겼기 때문에 나온 말이다.
- 거(去) : 떠나다. 去(떠날 거)
- 유기(幽期) : 은거(隱居)하겠다는 약속.
  '유(幽)'는 은거(隱居)하다는 뜻이다.
- 부언(言) : 약속을 저버리다. 신의를 지키지 않다.
  '식언(食言)'과 같다.

2) 검객(劍客)[81]

十年磨一劍
霜刃未曾試
今日把示君
誰有不平事

십년 동안 칼 한 자루를 갈아서
서릿발 같은 칼날을 시험해보지도 않았네
오늘 이 칼을 그대들에게 보여주나니
누가 공평하지 못한 일을 행하겠는가?

주해

- 검객(劍客) : 일설에는 "술검(述劍)"으로 되어 있다.
- 상인(霜刃) : 추상(秋霜)같은 칼날. 곧 칼날에 한광(寒光)이 번뜩이는 것을 말한다. 霜(서리 상)
- 시군(示君) : ~에게 보여주다. 일설에는 "사군(似君)"으로 되어 있다.
- 수유(誰有) : '누구에게 ~이 있겠는가?' '누가 ~을 하겠는가?' 일설에는 "수위(誰爲)"로 되어 있다. 誰(누구 수)

81) 《검객(劍客)》은 가도(賈島)가 지은 오언절구(五言絶句) 시이다. 작자는 먼저 검(劍)의 예리함과 자신의 재주를 드러내고 싶은 마음을 노래하였다.

16. 두목(杜牧)[82]

1) 청명(淸明)[83]

淸明時節雨紛紛
路上行人欲斷魂
借問酒家何處有
牧童遙指杏花村

청명절에 가는 비가 어지러이 날리니
길 떠난 나그네의 혼이 끊어지는 듯
묻건대 주막은 어디에 있는가?
목동이 멀리 행화촌을 가리키네

---

82) 두목(杜牧, 803~853) : 만당(晩唐) 시인. 자는 목지(牧之), 호는 번천(樊川). 두우(杜佑)의 손자로 26세에 진사에 합격하였다. 시문(詩文)에 뛰어나 두보(杜甫)를 대두(大杜), 두목(杜牧)을 소두(小杜)라 일컬었다. 시집으로《번천문집(樊川文集)》20권,《외집(外集)》1권,《별집(別集)》1권이 있다.

83)《청명(淸明)》은 是唐代文学家杜牧的诗作。此诗写清明春雨中所见。第一句交代情景、环境、气氛；第二句写出了人物, 显示了人物的凄迷纷乱的心境；第三句提出了如何摆脱这种心境的办法；第四句写答话带行动, 是整篇的精彩所在。全诗色彩清淡, 心境凄冷, 运用由低而高、逐步上升、高潮顶点放在最后的手法, 余韵邈然, 耐人寻味, 历来广为传诵。

주해

- 청명(清明) : 24절기 중의 하나로 음력 4월 5일 전후이다.
- 분분(紛紛) : 많아서 어지러이 뒤섞이는 모양. 여기서는 비가 어지러이 휘날린다는 말이다.
- 차문(借問) : 시험 삼아 묻다. 물음을 청하다.
- 행화촌(杏花村) : 살구꽃이 피는 마을. 안휘성 지수시(池州市) 수산(秀山) 너머에 있다.

2) 박진회(泊秦淮)[84]

煙籠寒水月籠沙
夜泊秦淮近酒家
商女不知亡國恨
隔江猶唱後庭花

안개 낀 차가운 강물과 달빛 뒤덮인 모래사장
늦은 밤 주막과 가까운 진회에 정박하였네
주막의 가녀(歌女)는 망국의 한도 모른 채
강 건너에서 소리 높여 후정화(後庭花)를 노래하네

84) 《박진회(泊秦淮)》는 두목(杜牧)이 진회(秦淮)에서 유숙할 때, 황음무도했던 진후주(陳後主)의 망국의 한을 비분강개하게 노래한 시이다.

주해

- 진회(秦淮) : 강 이름. 곧 진회화(秦淮河)를 말한다. 강소성 대모산(大茅山)과 여산(廬山) 사이에서 발원하여 남경(南京)을 지난 다음 장강(長江)으로 유입된다.
- 상녀(商女) : 주막에서 노래 부르는 가녀(歌女).
- 격강유창(隔江猶唱) : 강 건너에서 소리 높혀 노래하다.
- 후정화(後庭花) : 〈옥수후정화(玉樹後庭花)〉. 남조(南朝) 진후주(陳後主)가 성색(聲色)에 빠져서 지은 가곡(歌曲)으로, 후세에 대표적인 망국의 노래로 전해온다.

3) 산행(山行)[85]

遠上寒山石徑斜
白雲生處有人家
停車坐愛楓林晚
霜葉紅於二月花

멀리서 굽이굽이 돌길을 따라 늦가을 산을 올랐더니
흰 구름 피어나는 곳에 인가(人家)가 있다
황혼녘 단풍 숲을 좋아하여 수레를 멈췄더니
서리 맞은 단풍이 춘삼월 봄꽃보다 붉구나

---

85) 《산행(山行)》은 두목(杜牧)이 가을 산행 시 눈앞에 펼쳐지는 산길, 인가(人家), 흰 구름, 단풍 등의 풍광을 생동감 있게 노래한 시이다.

주해

- 원상(遠上) : 먼 곳에서 오르다.
- 한산(寒山) : 깊은 가을 산.
- 석경(石徑) : 자갈이 깔려있는 작은 길.
- 생(生) : 일설에는 '심(深)'으로 되어 있다.
- 좌(坐) : ~ 때문에. 《악부시집(樂府詩集)·맥상상(陌上桑)》에 나온다. "但坐觀羅敷."
- 풍림만(楓林晚) : 해질 무렵의 단풍 숲.

17. 이상은(李商隱)[86]

1) 야우기북(夜雨寄北)[87]

君問歸期未有期
巴山夜雨漲秋池
何當共剪西窗燭
卻話巴山夜雨時

그대는 언제 돌아오느냐고 묻지만 기약할 수 없으니
파촉 연못은 가을 밤비가 내려 한없이 넘실거리네
어느 때나 서창에 함께 앉아 촛불 심지를 자르며
파산의 밤비에 잠 못 이루던 이야기를 나눌 수 있을까

주해

- 기북(寄北) : 시를 써서 북방에 있는 사람에게 보내다. 당시 작자는 파촉(巴蜀, 지금의 四川省) 땅에 머물고 있었다.

---

86) 이상은(李商隱, 813~858) : 만당(晩唐) 시인. 자는 의산(義山), 호는 옥계생(玉谿生), 회주(懷州) 하내(河內)[지금의 河南省 沁陽市] 출신이다. 두목(杜牧)과 더불어 "소이두(小李杜)"로 일컫는다.

87) 《야우기북(夜雨寄北)》은 이상은(李商隱)이 타향 파촉(巴蜀)에 머물 때 멀리 장안에 있는 처자[혹은 친구]를 그리며 쓴 칠언절구(七言絶句) 서정시이다.

- 군(君) : 그대.
- 귀기(歸期) : 집으로 돌아올 기약이나 날짜.
- 파산(巴山) : 진운산(縉雲山). 섬서성(陝西省) 서남부와 사천성(四川省) 동북 지역이 만나는 곳에 위치하는데, 흔히 이 지역을 '파촉(巴蜀)'이라고 부른다.
- 추지(秋池) : 가을 연못. 池(못 지)
- 하당(何當) : 언제. 어느 때. '하시(何時)'와 같다.
- 전서창촉(剪西窗燭) : 서쪽 창가의 촛불 심지를 자르다. "서창화우(西窗話雨)" 또는 "서창전촉(西窗剪燭)"의 성어로 쓰인다. 剪(자를 전)
- 각화(卻話) : 지난 일을 말하다.

2) 금슬(錦瑟)[88)]

錦瑟無端五十弦, 一弦一柱思華年.
莊生曉夢迷蝴蝶, 望帝春心托杜鵑.
滄海月明珠有淚, 藍田日暖玉生煙.
此情可待成追憶, 只是當時已惘然.

금슬은 무슨 연고로 오십 현인가?
현 하나 기둥 하나에 젊은 시절이 생각난다

---

88) 《금슬(錦瑟)》은 작품 맨 앞에 나오는 두 자를 제목으로 삼았기 때문에 사실상 무제시(無題詩)에 가깝다. 이 시는 이상은(李商隱)의 시(詩) 가운데 가장 난해한 작품 중의 하나로, 시인들의 "一篇《錦瑟》解人難"라는 탄식이 나올 정도이다.

장자(莊子)[89]는 새벽꿈에 나비 되어 너울너울 춤추었고
망제(望帝)[90]는 춘심을 두견새에 의탁했지

푸른 바다 밝은 달 아래 인어가 눈물구슬 흘리고[91]
남전에 햇살 따뜻하니 옥돌에서 푸른 연기 펴오른다[92]

이 정을 어찌 지금에서야 되돌아보는가?
그때는 다만 내 마음이 망연했기 때문이라네

주해

- 금슬(錦瑟) : 아름답게 장식한 비파. '슬(瑟)'은 현악기로 보통 25현을 사용하는데, 줄을 맨 기둥으로 따지면 50개가 된다.
- 무단(無端) : 무엇 때문에.
  '하고(何故)'와 같다.
- 화년(華年) : 젊은 시절.
- 장생효몽(莊生曉夢) : 장자(莊子)가 꿈에 나비로 변했다는 고사.
  이상은(李商隱)은 이 고사를 인용하여 인생무상을 표현하였다.

---

89) 《장자(莊子)·제물론(齊物論)》에 나온다. "莊周夢爲蝴蝶, 栩栩然蝴蝶也. 自喩適志與! 不知周也. 俄然覺, 則蘧蘧然周也. 不知周之夢爲蝴蝶與? 蝴蝶之夢爲周與?"

90) 《화양국지(華陽國志)·촉지(蜀志)》에 나온다. "杜宇稱帝, 號曰望帝. ……其相開明, 決玉壘山以除水害, 帝遂委以政事, 法堯舜禪授之義, 遂禪位於開明. 帝升西山隱焉. 時適二月, 子鵑鳥鳴, 故蜀人悲子鵑鳥鳴也."

91) 《박물지(博物志)》에 나온다. "南海外有鮫人, 水居如魚, 不廢績織, 其眼泣則能出珠."

92) 《원화군현지(元和郡縣志)》에 나온다. "關內道京兆府藍田縣. 藍田山, 一名玉山, 在縣東二十八里."

- 망제(望帝) : 죽어서 두견(杜鵑)이 되었다는 촉왕(蜀王) 두우(杜宇)를 말함.
- 두견(杜鵑) : 두견새. '자규(子規)'라고도 한다.
- 주유루(珠有淚) : 남해바다에 사는 인어의 눈물이 진주로 변했다는 고사이다.
- 남전(藍田) : 옥(玉)이 생산되는 옥산(玉山).
- 옥생연(玉生煙) : 옛날 오왕(吳王) 부차(夫差)의 딸 자옥(紫玉)이 죽은 후 옥(玉)으로 변하여 사라졌다는 고사가 있다.

18. 창당(暢當)[93]

등관작루(登鸛雀樓)[94]

迥臨飛鳥上, 高出世塵間.
天勢圍平野, 河流入斷山.

먼 곳에서 관작루를 찾아 오르니,
높이 솟아 속세를 벗어난 듯하네.
하늘의 기세는 광활한 평원을 뒤덮고,
황하는 단산(斷山) 사이로 흘러가네.

주해

- 형림(迥臨, jiǒng lín) : 멀리서 찾아오다.
- 비조(飛鳥) : 여기서는 '관작(鸛雀)'을 가리킨다.
- 천세(天勢) : 하늘.
- 위(圍) : 여기서는 뒤덮는다는 뜻이다.
- 단산(斷山) : 깎아지른 듯이 서 있는 높은 산.

---

93) 창당(暢當) : 생졸 미상. 당대(唐代) 후기 유생(儒生)으로 하동(河東: 지금의 山西 永濟) 출신이다. 대력(大曆) 7년(722)에 진사에 급제하였고, 정원(貞元) 초에 태상박사(太常博士)가 되었다가 마지막으로 과주자사(果州刺史)를 지냈다.

94) 이 시의 창작연대는 알 수가 없다. 진사에 급제하였으나 벼슬길이 순탄치 못하여 은유생활을 즐기면서 고원(高遠)하고 격정적인 시를 주로 썼다.

19. 조변(趙抃)[95]

차운공헌봉래각(次韻孔憲蓬萊閣)[96]

山巔危構倚蓬萊, 水閣風長此快哉.
天地涵容百川入, 晨昏浮動兩潮來.
遙思座上遊觀遠, 愈覺胸中度量開.
憶我去年曾望海, 杭州東向亦樓台.

와룡산(臥龍山) 위에 높다란 봉래각(蓬萊閣)을 지으니,
물가 누각에 불어오는 바람소리 상쾌하구나.

바다는 넉넉하게 온갖 물줄기를 받아들이고,
새벽과 황혼녘에 거센 조수가 두 차례 밀려오네.

---

95) 조변(趙抃, 1008~1084) : 북송(北宋) 시인. 자는 열도(閱道), 호는 지비자(知非子), 절강(浙江) 출신이다. 경우(景祐)년 진사에 합격하여 전중시어사(殿中侍禦史), 용도각직학사(龍圖閣直學士)를 지냈고, 신종(神宗) 때 참지정사(參知政事)를 지냈다. 저서로 《청헌집(清獻集)》이 있다.

96) 이 시는 북송 시인 조변(趙抃)이 당시 월주지주(越州知州)였던 공헌(孔憲, 1013~1074)의 「봉래각(蓬萊閣)」 시에 화답하여 지은 칠언율시(七言律詩)이다. 전체적으로 격조(格調)가 호매(豪邁)하고 시어(詩語)가 아름답다. 공헌(孔憲)은 지주(知州) 공연지(孔延之)를 말한다. '헌(憲)'은 상급 벼슬아치 또는 동급자에 대한 존칭이다.

멀리서 생각건대 봉래각에 앉아 먼 바다를 바라보면,
마음 속 도량이 더욱더 넓어지리라.

나도 작년에 바다를 바라본 적이 있으니,
항주 동쪽에도 망해정(望海亭)이 있다오.

주해

- 위구(危構) : 높은 곳에 지은 건축물. 곧 봉래각(蓬萊閣)을 말한다. '위(危)'는 '고(高)'와 같다.
- 봉래(蓬萊) : 여기서는 '봉래현(蓬萊縣)' 또는 '봉래선경(蓬萊仙境)'을 말한다.
- 수각(水閣) : 봉래각(蓬萊閣)을 말한다.
- 함용(涵容) : 포용하다. 용납하다.
- 도량(度量) : 흉금(胸襟). 기량(器量).
- 망해(望海) : 여기서는 전당강(錢塘江)의 물결을 보았다는 뜻이다.
- 항주동향역누태(杭州東向亦樓台) : 원주(原註)에 "杭州有望海樓."라는 말이 있다.
- 누대(樓台) : 여기서는 망해루(望海樓)를 말한다.

20. 소식(蘇軾)[97]

1) 제서림벽(題西林壁)[98]

橫看成嶺側成峰
遠近高低各不同
不識廬山眞面目
只緣身在此山中

정면에서 보면 산 고개요 측면에서 보면 산봉우리라
멀고 가깝고 높고 낮은 데서 보는 모습이 각각이로다
사람들이 여산(廬山)의 진면목을 알지 못하는 것은
단지 내 몸이 여산 안에 있기 때문이네

---

97) 소식(蘇軾, 1036~1101) : 송(宋)나라 때 문인, 정치가, 학자이다. 자는 자담(子膽), 호는 동파(東坡)이며, 시(詩)·사(詞)·서예(書藝)에도 능했다. 아버지 소순(蘇洵), 동생 소철(蘇轍)과 함께 '삼소(三蘇)'라고 부르며 당송팔대가(唐宋八大家) 중의 한 사람이다. 또한 황정견(黃庭堅)·미불(米芾)·채양(蔡襄) 등과 함께 서예 사대가(四大家)로 불린다. 시문집으로 《동파전집(東坡全集)》이 있다.

98) 「제서림벽(題西林壁)」은 송대(宋代) 소식(蘇軾)이 지은 사경시(寫景詩)이며 철리시(哲理詩)이다. 소식은 신종(神宗) 원풍(元豐) 7년(1084)에 귀양지를 호북(湖北) 황주(黃州)에서 하남(河南) 여주(汝州)로 옮겨갔는데, 이 시는 소식이 여주로 향하는 길에 잠시 우인(友人)들과 여산(廬山)을 유람하면서 지은 것이다.

주해

- 제(題) : 제목으로 삼다. 제목으로 쓰다.
- 서림(西林) : 서림사(西林寺) 또는 건명사(乾明寺)를 말한다.
- 횡간(橫看) : 정면에서 바라보다. 여산(廬山)은 남북으로 길게 뻗어 있기 때문에 횡간(橫看)은 동쪽과 서쪽에서 바라보는 것을 말한다.
- 진면목(眞面目) : 여산의 진정한 모습과 경치.
- 연(緣) : ~ 때문에.

2) 해시시병서(海市詩竝序)[99]

予聞登州海市舊矣. 父老云: "常見於春夏, 今歲晚不復出也." 予到官五日而去, 以不見爲恨, 禱於海神廣德王之廟, 明日見焉. 乃作此詩.

내가 등주(登州)의 해시(海市)에 관해 전해들은 지는 오래되었다. 현지의 부로(父老)들이 말하기를, "해시(海市)는 봄여름에 자주 볼 수 있는데, 지금은 한 해가 저무는 때여서 다시 나타나지 않을 것입니다.'라고 하였다.

내가 부임한 지 닷새 만에 이곳을 떠나게 되어 해시(海市)를

99) 이 시는 소식(蘇軾)이 등주(登州)의 해시(海市)를 보고 지은 것이다. 소식(蘇軾)은 원봉(元丰) 8년(1085) 좌천되어 등주지주(登州知州)로 부임한 지 5일 만에 조정으로 소환되었는데, 이 시는 당시에 지은 것이다.

보지 못하는 것을 아쉽게 여겼다. 이에 해신(海神) 광덕왕(廣德王)의 사당에 빌어 이튿날 해시를 보게 되었다. 그래서 이 시를 짓는다.

주해

- 광덕왕(廣德王) : 해신(海神)의 봉호(封號). 당(唐)나라 현종(玄宗)이 천보(天寶) 10년(751)에 해신(海神)을 왕에 봉했는데, 동해신(東海神)은 광덕왕(廣德王), 남해신(南海神)은 광리왕(廣利王), 서해신(西海神)은 광윤왕(廣潤王), 북해신(北海神)은 광택왕(廣澤王)에 각각 봉했다.
- 해시(海市) : 바람이 없는 조용한 날에 대기(大氣)의 밀도(密度)와 광선(光線)의 반사(反射)로 인하여 멀리 해변(海邊)이나 사막(沙漠)의 상공에 성곽(城郭)이나 누대(樓臺) 등이 나타나는 현상.

東方雲海空復空, 群仙出沒空明中.
蕩搖浮世生萬象, 豈有貝闕藏珠宮.
心知所見皆幻影, 敢以耳目煩神工.
歲寒水冷天地閉, 爲我起蟄鞭魚龍.
重樓翠阜出霜曉, 異事驚倒百歲翁.
人間所得容力取, 世外無物誰爲雄.
率然有請不我拒, 信我人厄非天窮.
潮陽太守南遷歸, 喜見石廩堆祝融.
自言正直動山鬼, 豈知造物哀龍鍾.
信眉一笑豈易得, 神之報汝亦已丰.

斜陽萬里孤烏沒, 但見碧海磨青銅.
新詩綺語亦安用, 相與變滅隨東風.

운해(雲海) 자욱한 동쪽 하늘은 맑고 고요한데
많은 신선들이 홀연히 나타났다 홀연히 사라지네
어지러운 세상에 온갖 변화가 일어나는데
어찌 붉은 조개와 진주로 장식한 패궐(貝闕)이 있겠는가?

마음으로 알고 보는 것은 모두가 환영일 뿐이니
감히 자신의 이목(耳目)으로 신공(神工)을 어지럽히겠는가
날도 춥고 바닷물도 차가워 천지가 모두 닫혔는데
나를 위해 동면을 깨우고 어룡(魚龍)에 채찍질하네

높은 누각과 푸른 언덕에 새벽 서리 내리더니
기이한 일이 늙은 나를 놀라게 하네
세상에서 얻을 수 있는 것은 힘으로 취할 수 있으나
세상 밖에서는 취할 길이 없으니 누가 영웅이겠는가?

서둘러 신에게 청했는데 나를 거절하지 않았으니
나는 인액(人厄)이요 천궁(天窮)을 당하지 않았음을 알겠네
남쪽 조양태수로 좌천되었다가 돌아가는 길에
석름봉과 축융봉을 보다니 참으로 기쁘구나

자신이 정직하여 산신령을 감동시켰다고 말하지만
조물주가 늙고 병든 몸을 가련히 여길 줄 어찌 알았으랴
진실로 눈썹 펴고 한번 웃는다고 어찌 쉽게 얻겠는가
신이 그대에게 보답한 것이 또한 이미 충분하도다

석양에 외로운 새 한 마리 멀어져가고
다만 거울처럼 맑은 푸른 바다만 보이네
새로운 시에 어찌 화려한 문사(文辭)가 필요하겠는가
모두가 동풍을 따라 나타났다 사라지는 것을

주해

- 운해(雲海) : 광대무변한 바다.
- 공(空) : 하늘. 크다. 다하다. '대(大)' 또는 '진(盡)'과 같다.
- 공명(空明) : 달빛 아래 푸른 물결. 맑고 고요한 하늘.
- 패궐(貝闕) : 붉은 조개로 장식한 화려한 궁궐. 곧 하백(河伯)이 사는 용궁(龍宮)을 말한다. 《초사(楚辭)·구가(九歌)·하백(河伯)》에 "물고기 비늘로 만든 집은 용당이요, 붉은 조개로 만든 궁궐은 주궁이로다. [魚鱗屋兮龍堂, 紫貝闕兮朱宮.]"이라는 구절이 나온다.
- 신공(神工) : 비범한 조예. 신인(神人).
- 중루(重樓) : 높은 누각. '고루(高樓)' 또는 '층루(層樓)'와 같다.
- 솔연(率然) : 경솔하게 서두르는 모습. 앞뒤에서 호응하다.
- 석름(石廩) : 석름봉(石廩峯). 호남성 형산(衡山)의 다섯 봉우리 중의 하나.
- 축융(祝融) : 축융봉(祝融峯). 호남성 형산(衡山)의 봉우리 중의 하나.
- 퇴(堆) : 언덕. 여기서는 작은 산을 말한다.
- 용종(龍鍾) : 몸이 노쇠하여 행동이 불편한 모습.
- 변멸(變滅) : 변화환멸(變化幻滅). 곧 인생의 무상함을 말한다.

21. 이조충(李祚忠)

봉래원조(蓬萊遠眺)[100]

人間仙境是蓬萊, 遠道而來景自開.
碧海平明無幻影, 丹崖山外起樓台.

인간선경 봉래(蓬萊)를,
멀리서 찾아오니 경치가 광대하구나.
동틀 무렵 푸른 바다에는 해시(海市)도 없고,
단애산(丹厓山) 너머로 누대만 솟아있네.

주해

- 환영(幻影) : 여기서는 해산(海山)을 말함.

---

100) 봉래각(蓬萊閣)은 중국 사대명루(四大名樓) 중의 하나로서 산동성 연대시(煙臺市) 봉래구(蓬萊區)에 위치해 있는데, 송대(宋代) 가우(嘉祐) 6년(1061)에 지어졌다. 예로부터 "인간선경(人間仙境)"으로 일컬어졌고, "팔선과해(八仙過海)" 고사와 "해시신루(海市蜃樓)"의 기이한 경치로 유명하다. 전설에 의하면 바다에는 봉래(蓬萊)·영주(瀛州)·방장(方丈)의 '삼신산(三神山)'이 있고, 그곳에 장생불로(長生不老)하는 선인(仙人)이 살고 있다. 삼신산(三神山)은 '봉래선도(蓬萊仙島)'라고도 하며, 봉래산(蓬萊山)은 또한 봉래(蓬萊)·봉산(蓬山)·봉구(蓬丘)·봉호(蓬壺)·봉래선도(蓬萊仙島) 등으로 불린다.

- 평명(平明) : 동틀 무렵. '여명(黎明)'과 같다.
- 환영(幻影) : 신기루. 여기서는 '해시(海市)' 또는 '해시신루(海市蜃樓)'를 말한다.
- 단애산(丹厓山) : "단애선경(丹崖仙境)" 또는 "봉래선산(蓬萊仙山)"이라고도 한다. 산동성 봉래시(蓬萊市)에 있는데, 산 정상에 유명한 봉래각(蓬萊閣)이 있다. 해발 50미터에 불과한 단애산의 명칭은 산석(山石)이 홍갈색을 띠고 깎아지른 절벽의 형상 때문에 생겨났다는 설과, 옛날 진(晉)나라 갈홍(葛洪)이 이곳에서 연단(鍊丹)을 했기 때문에 생겨났다는 두 가지 설이 있다.

22. 황종희(黃宗羲)[101]

달봉기유(達篷紀游)

東盡觀滄海, 往事一概然.
浪中鼓萬疊, 鯨背血千年.
何物始秦皇, 于此求神仙.

동쪽 푸른 바다를 한없이 바라다보니,
세상사 지난 일이 모두 이와 같으리.

파도는 만첩으로 휘몰아치고,
물결은 천년 동안 넘실거리네.

---

101) 황종희(黃宗羲, 1610~1695) : 절강(浙江) 소흥시(紹興市) 여요현(餘姚縣) 출신이다. 자는 태충(太沖) 또는 덕빙(德冰), 호는 남뢰(南雷), 별호는 이주노인(梨洲老人)·이주산인(梨洲山人)·남수어인(藍水漁人)·어징동주(魚澄洞主)·쌍폭원장(雙瀑院長) 등이다. 명말청초 경학가(經學家)·사학가(史學家)·지리학가(地理學家)·천문역산학가(天文曆算學家)·교육가(教育家)이다. "동림칠군자(東林七君子)"인 황존소(黃尊素)의 장자(長子)이다. 고염무(顧炎武)·왕부지(王夫之)와 더불어 "명말청초(明末清初) 삼대사상가(三大思想家)"로 불린다.

진시황은 어떤 사람이기에
이곳에서 신선이 되길 원했는고?

주해

- 달봉산(達蓬山) : 원명은 향산(香山). 영파시(寧波市) 자계(慈溪) 동남부에 있다.
- 개연(概然) : 일개여차(一概如此). 모든 일이 이와 같다.
- 경배(鯨背) : '수면(水面)'을 말한다.
  당(唐)나라 유우석(劉禹錫)의 「유승언나부사인위시이사지(有僧言羅浮事因爲詩以寫之)」시에 나온다. "日光吐鯨背, 劍影開龍鱗."
- 하물(何物) : 어떤 물건. 어떤 사람.

23. 팽손휼(彭孫遹)[102)]

추일등등왕각(秋日登滕王閣)

客路逢秋思易傷, 江天煙景正蒼涼.
依然極浦生秋水, 終古寒潮送夕陽.
高士幾回亭草綠? 梅仙一去嶺雲荒.
臨風不見南來雁, 書劄何由達豫章?

나그네가 객지에서 가을을 만나니 쉬이 상심하고
강 하늘에 물안개 피어나니 처량하기 그지없네

아스라한 물가에 추수(秋水)는 여전한데
차가운 조수에 기우는 석양빛은 영원하리

고사정(高士亭) 뜰의 푸른빛은 얼마나 바뀌었는가?
매선(梅仙)이 떠난 후로 이곳은 황폐해졌네

---

102) 팽손휼(彭孫遹, 1631~1700) : 청(淸)나라 초기 관료. 사인(詞人). 왕사정(王士禎)과 '팽왕(彭王)'이라 불렸다. 자는 준손(駿孫), 호는 선문(羨門) 또는 금속산인(金粟山人)이다. 절강(浙江) 해염(海鹽) 무원진(武原鎭) 출신으로, 순치(順治) 16년 진사에 합격하였고, 강희(康熙) 18년 박학홍사과(博學鴻詞科)에 일등으로 합격하여 편수관(編修官)이 되었다. 저서로 《남왕집(南往集)》과 《연로사(延露詞)》가 있다.

바람 속에 남쪽으로 날아오는 기러기 보이지 않으니
서신을 어떻게 예장(豫章)까지 전하겠는가?

주해

- 창량(蒼涼, cāng liáng) : 처량하다. 비장하다.
- 극포(極浦) : 아득한 물가.
  왕발(王勃)의 「등왕각서(滕王閣序)」에 나오는 "落霞與孤鶩齊飛, 秋水共長天一色"과 "雁陣驚寒, 聲斷衡陽之浦"의 구절을 인용한 표현이다.
- 종고(終古) : 영원하다. '영구(永久)'와 같다.
- 고사(高士) : 동한(東漢)때 남창(南昌)의 선비인 서유자(徐孺子, 97~168)를 말함. 당시 태수인 진번(陳蕃)의 예우를 받았다.
  고사정(高士亭) : 남창(南昌) 서호(西湖)에 있는 유자정(孺子亭)을 말함.
- 매선(梅仙) : 한(漢)나라 매복(梅福)을 말함. 남창위(南昌尉)를 지내다가 왕망(王莽)의 정치가 싫어 사직한 후 성명을 바꿔 오문졸(吳門卒)이라 했는데, 사후에 신선이 되었다고 전한다. 《후한서(後漢書)》에 전(傳)이 있다.
- 영운황(嶺雲荒) : 유적이 황폐해지다.
- 예장(豫章) : 한(漢)나라 고조(高祖) 때 예장군(豫章郡)을 설치했는데, 치소(治所)가 남창(南昌)에 있었다.

제2편

중국 고전 명문 감상

1. 위문후문편작(魏文侯問扁鵲)

魏文侯問扁鵲[1]曰: "子昆弟三人, 其孰最爲善醫乎?"
扁鵲曰: "長兄最善, 仲兄次之, 扁鵲最爲下."
魏文侯曰: "可得聞耶?"
扁鵲曰: "長兄於病視神, 未有形而除之, 故名不出於家. 仲兄治病, 其在毫毛, 故名不出於閭. 若扁鵲者, 鑱血脈, 投毒藥, 副肌膚, 閒而名出聞於諸侯."

《갈관자(鶡冠子)[2]·세현(世賢)》

위(魏)나라 문후(文侯)가 편작(扁鵲)에게 물었다. "그대는 형제

---

1) 편작(扁鵲, BC.401~BC.310) : 춘추전국시대(春秋戰國時代) 때 발해군(渤海郡) 출신의 명의. 괵(虢)나라의 태자를 살리고 제(齊)나라의 환공(桓公)의 병세를 진단한 것으로 전해지며, 위(魏)나라 문후(文侯)가 편작에게 의술(醫術)에 대하여 물었다고 한다. 그가 저술한 《난경(難經)》은 그 당시의 난해하고 어려운 의학적 내용을 간결하고 체계적인 문답 형식으로 기술한 것이다.

2) 갈관자(鶡冠子) : 생몰년 미상. 춘추시대(春秋時代) 또는 전국시대(戰國時代) 초(楚)나라 사람이라고 한다. 깊은 산에 은거하면서 갈조(鶡鳥)의 깃털로 관(冠)을 쓰고 다녀 '갈관자(鶡冠子)'로 불렸다. 황로(黃老)의 학문과 형명(刑名)의 술법을 공부했다. 『한서(漢書)·예문지(藝文志)』「도가편(道家篇)」에 『갈관자』 1편이 전한다.

가 셋이라 했는데, 그 중에서 누구의 의술이 가장 뛰어납니까?"

편작이 대답했다. "맏형이 가장 뛰어나고, 둘째형이 그 다음이며, 저는 가장 아래입니다."

위나라 문후가 다시 물었다. "그 이유를 들어 볼 수 있겠소."

편작이 대답했다. "맏형은 병을 살피는데 발병하기 전에 먼저 병의 원인을 치료합니다. 그래서 이름이 집 밖을 벗어나지 않습니다. 둘째형은 병을 치료하는데 병이 처음 발병했을 때 치료합니다. 그래서 이름이 마을 밖을 벗어나지 않습니다. 저와 같은 경우는 혈맥에 침을 놓고, 독한 약을 투여하고, 살갗을 찢고 치료를 합니다, 그래서 이름이 여러 제후들에게 알려진 것입니다."

주해

- 참(鑱, chán) : 침. 돌침.
- 곤제(昆弟, kūn dì) : 형제(兄弟).

2. 어부사(漁父辭)[3)]

굴원(屈原)[4)]

屈原旣放, 游於江潭, 行吟澤畔, 顔色憔悴, 形容枯槁. 漁父見而問之曰, "子非三閭大夫與? 何故至於斯?" 屈原曰, "擧世皆濁我獨淸, 衆人皆醉我獨醒. 是以見放." 漁父曰, "聖人不凝滯於物, 而能與世推移. 世人皆濁, 何不淈其泥而揚其波? 衆人皆醉, 何不餔其糟而歠其醨? 何故深思高擧, 自令放爲?" 屈原曰, "吾聞之, 新沐者必彈冠, 新浴者必振衣. 安能以身之察察, 受物之汶汶者乎?

---

3) 《어부사(漁父詞)》는 《초사(楚辭)》에 실려 있는데, 굴원(屈原)이 조정에서 추방당한 후 실의에 빠져 있을 때 지은 작품이다. 동한(東漢)의 왕일(王逸)은 "《漁父》者, 屈原之所作也."라고 주장했다.

4) 굴원(屈原, B.C.340?~B.C.278) : 미성(芈姓), 굴씨(屈氏), 이름은 평(平), 자는 원(原) 또는 영균(靈均). 초(楚)나라 단양시(丹陽市) 자귀현(秭歸縣) [지금의 호북(湖北) 의창(宜昌)]에서 태어났다. 초(楚)나라 시인이며 정치가이다. 초(楚)나라 회왕(懷王)의 신임을 받아 좌도(左徒)와 삼려대부(三閭大夫)를 지냈으나 간신의 모함으로 조정에서 쫓겨나 강호를 떠돌다가 초(楚)나라가 진(秦)나라에 멸망당하자 멱라수(汨羅水)에 투신해서 죽었다. 〈어부사(漁父詞)〉 외에 〈이소(離騷)〉, 〈구장(九章)〉 등의 초사(楚辭) 작품이 있다.

寧赴湘流葬於江魚之腹中，安能以皓皓之白，而蒙世俗之塵埃乎?" 漁父莞爾而笑，鼓枻而去. 乃歌曰，"滄浪之水清兮，可以濯吾纓. 滄浪之水濁兮，可以濯吾足." 遂去不復與言.

굴원이 이미 쫓겨나 강호에서 방황하며 못가에서 시를 읊조리고 다니는데, 그 안색이 초췌하고 모습은 수척해 보였다.

어부가 그를 보고 물었다. "당신은 삼려대부(三閭大夫)가 아니십니까? 어찌 이 지경에 이르렀습니까?"

굴원이 말했다. "온 세상이 모두 혼탁한데 나만 홀로 깨끗하고, 많은 사람들이 모두 취해 있는데 나만 홀로 깨어 있으니, 이 때문에 쫓겨난 것이오."

어부가 말했다. "성인(聖人)은 사물에 구애됨이 없이 세상과 함께 변할 수 있어야 합니다. 온 세상이 모두 혼탁하다면 어찌 그 진흙탕을 휘저어 그 흙탕물을 일으키지 않습니까? 많은 사람들이 모두 취해 있다면 어찌 그 찌게미를 먹고 그 박주(薄酒)를 마시지 않습니까? 무엇 때문에 지나치게 생각하고 고상한 행동을 취하여 스스로 쫓겨난 것입니까?"

굴원이 말했다. "내 듣건대 새로 머리를 감은 자는 반드시 관(冠)을 털어서 쓰고, 새로 몸을 씻은 자는 반드시 옷을 털어서 입는다고 하였소. 어찌 맑고 깨끗한 몸으로 사물의 더러운 오물을 받아들일 수 있겠소? 차라리 상강(湘江)의 물에 나아가 물고기의 배 속에 장사지낼지언정 어찌 희고 깨끗한 몸으로 세속의 먼지를 뒤집어 쓸 수 있겠소?"

어부가 빙그레 웃으며 뱃전의 노를 두드리고 떠나면서 노래를 불렀다.

"창랑의 물이 맑으면 내 갓 끈을 씻을 수 있고,
창랑의 물이 흐리면 내 발을 씻을 수 있네."

마침내 떠나면서 다시는 굴원과 말을 나누지 않았다.

주해

- 안색(顏色) : 안색. 얼굴색.
- 형용(形容) : 형체의 용모.
- 삼려대부(三閭大夫 sān lǘ da fū) : 초(楚)나라 관직명. 초나라 왕족들의 교육을 담당했던 굴씨(屈氏), 경씨(景氏), 소씨(昭氏)의 종족자제(宗族子弟)를 말한다.
- 견방(見放) : 쫓겨나다. 추방당하다. '견(見)'은 '피(被)'의 뜻이다.
- 굴(淈 gǔ) : 휘젓다. 흐리게 하다. 《설문(說文)》에 나온다.
  "淈, 濁也. 從水, 屈聲. 一曰滒泥, 一曰水出貌." 淈(흐릴 굴)
- 포(哺 bǔ) : 먹다. 먹이다.
- 조(糟 zāo) : 술지게미. 糟(술지게미 조)
- 철(歠 chuò) : 마시다. 《설문(說文)》에 "歠, 飲也."라고 했다. 歠(마실 철)
- 리(醨 lí) : 박주(薄酒). 《설문(說文)》에 "醨, 薄酒也."라고 했다.
  醨(삼삼한 술 리)
- 고거(高舉) : 세속을 초탈한 행위. 고상(高尙)한 행위.
  '거(舉)'는 거동(擧動)의 뜻이다.
- 목(沐 mù) : 머리를 감다. 《설문(說文)》에 "沐, 濯發也."라고 했다.
- 욕(浴 yù) : 몸을 씻다. 《설문(說文)》에 "浴, 灑身也."라고 했다.
  '쇄(灑)'는 '세(洗)'와 같다.
- 찰찰(察察) : 희고 깨끗한 모양.
- 문문(汶汶 mén mén) : 더럽고 혼탁한 모양. 汶(물이름 문)

- 호호(皓皓 hàohào) : 결백한 모양. 고결한 모양.
- 완이(莞爾 wǎn ěr) : 미소 짓는 모양. 빙그레 웃는 모양. 莞(웃을 완)
- 고예(鼓枻 gǔ yì) : 노를 젓다. '고(鼓)'는 '두드리다'의 뜻이다. 枻(노 예)
- 창랑(滄浪) : 물 이름. 한수(漢水)의 지류로 호북성 경내를 흐른다. 또는 창랑의 물이 맑은 모양을 의미하기도 한다. "滄浪之水清兮" 4구는《창랑가(滄浪歌)》 또는《유자가(孺子歌)》라고도 부르는데,《맹자(孟子)·이루상(離婁上)》에는 "오(吾)"자가 모두 "아(我)"자로 되어 있다.
- 탁(濯 zhuó) : 씻다. 濯(씻을 탁)
- 영(纓 yīng) : 갓끈. 두 가닥을 갓 양쪽으로 늘어뜨려 턱 아래서 묶는다. 纓(갓끈 영)

3. 고산유수(高山流水)[5)]

伯牙善鼓琴, 鍾子期善聽. 伯牙鼓琴, 志在登高山. 鍾子期曰 : "善哉, 峨峨兮若泰山!" 志在流水, 鍾子期曰 : "善哉, 洋洋兮若江河!" 伯牙所念, 鍾子期必得之. 伯牙遊於泰山之陰, 卒逢暴雨, 止於岩下. 心悲, 乃援琴而鼓之. 初爲霖雨之操, 更造崩山之音. 曲每奏, 鍾子期輒窮其趣. 伯牙乃舍琴而歎曰 : "善哉, 善哉, 子之聽夫志, 想象猶吾心也. 吾於何逃聲哉?"

《열자(列子)·탕문(湯問)》

백아(伯牙)는 거문고를 잘 타고, 종자기(鍾子期)는 음악을 잘 감상한다. 백아의 거문고 연주가 높은 산에 오르고자 하는 마음을 표현하면, 종자기가 말하기를 "훌륭한 연주로다! 마치 높이 솟은 태산(泰山)과 같구나."라고 하였다.

백아의 거문고 연주가 도도히 흐르는 물을 표현하면, 종자기

5) 고산유수(高山流水) : 고금곡(古琴曲). 중국 십대고곡(十代古曲) 중의 하나이다. '지기(知己)' 혹은 '지음(知音)'을 비유하는데, 나중에 「고산(高山)」과 「유수(流水)」 두 곡으로 나뉘었다.

가 말하기를 "훌륭한 연주로다! 마치 호호탕탕(浩浩蕩蕩) 흐르는 장강대하(長江大河)와 같구나."라고 하였다. 이처럼 백아가 거문고를 연주할 때 마음으로 생각하는 바를 종자기는 반드시 거문고 소리를 듣고 알아들었다.

하루는 백아가 태산(泰山)의 북쪽을 유람하다가 갑자기 폭우를 만나 바위 밑에서 비를 피했다. 백아는 슬픈 마음에 거문고를 꺼내어 연주하기 시작했다. 처음에는 장맛비의 악곡을 연주하다가 다시 큰 산이 무너지는 악곡을 연주하였다. 매번 악곡을 연주할 때마다 종자기는 바로 그 지취(志趣)를 알아들었다.

백아가 이에 거문고를 내려놓고 감탄하며 말하였다. "훌륭하고 훌륭하도다. 그대가 악곡을 감상하는 능력이여. 그대가 생각하는 뜻이 내 마음과 같으니, 내가 어찌 마음의 소리를 감출 수 있겠는가?"

주해

- 백아(伯牙) : 성은 백씨(伯氏), 이름은 아(牙)이다. 춘추시대 초(楚)나라 영도인(郢都人)으로 진(晉)나라 상대부(上大夫)를 지냈고, 거문고 연주에 정통했다. 나중에 와전되어 성은 유씨(俞氏), 이름은 서(瑞), 자는 백아(伯牙)로 불린다. '백아절현(伯牙絶絃)'와 '백아학금(伯牙學琴)'의 고사가 전한다.
- 종자기(鍾子期) : 이름은 휘(徽), 자는 자기(子期), 춘추시대 초(楚)나라 사람이다. 항상 도롱이와 삿갓을 쓰고 손에 도끼를 든 초부(樵夫)였다고 전한다.
- 득(得) : 깨닫다. 알아듣다.
- 양양(洋洋) : 광대한 모습. 여기서는 강물이 호호탕탕(浩浩蕩蕩) 흘러가

는 것을 말한다.

- 졸(卒) : 갑자기. '졸(猝)'과 같다. 猝(갑자기 졸)
- 임우(霖雨) : 장맛비.
- 조(操) : 금곡(琴曲)의 일종. 곡조(曲調)가 처량하여 마음속의 근심이나 자신의 곤궁한 처지를 주로 표현한다.
- 궁기취(窮其趣) : 그의 지취(志趣)를 완벽하게 이해하다.

4. 화타어오보(華佗語吳普)

佗[6]語普曰: "人體欲得勞動, 但不當使極爾. 動搖則穀氣得消, 血脈流通, 病不得生, 譬猶戶樞不朽是也. 是以, 古之仙者, 爲導引之事, 熊經鴟顧, 引挽腰體, 動諸關節, 以求難老. 吾有一術, 名五禽之戲[7], 一曰虎, 二曰鹿, 三曰熊, 四曰猿, 五曰鳥, 亦以除疾, 並利蹄足, 以當導引. 體中不快, 起作一禽之戲, 霑濡汗出, 因以着粉, 身體輕便, 腹中欲食."

普施行之, 年九十餘, 耳目聰明, 齒牙完堅.

《삼국지(三國志)·위서(魏書)·방기전(方技傳)》

---

6) 화타(華佗, 145~208) : 중국 후한(後漢) 말의 명의(名醫). 이름은 부(旉), 자는 원화(元化), 예주 패국 초현(譙縣) 사람이다. 동시대의 동봉(董奉)과 《상한론(傷寒論)》을 지은 장중경(張仲景)과 더불어 "건안삼신의(建安三神醫)"라고 불린다. 화타는 오보(吳普), 번아(樊阿), 이당지(李當之) 등을 제자로 두었는데, 오보에게 오금희(五禽戲)라는 체조를 가르쳤으며, 번아에게는 옻나무 잎과 청점(青黏)을 이용한 칠엽청점산(漆葉青黏散)을 전수하였다.

7) 오금희(五禽戲) : 중국 후한의 화타(華佗)가 창시했다고 전해지는 도인술. "戶樞不蠹, 流水不腐"의 원리에 따라 다섯 가지 동물의 동작을 모방하였으므로 '오금희(五禽戲)'라고 명명하였다. '오금(五禽)'은 곧 호랑이,

화타(華佗)가 제자인 오보(吳普)에게 말하였다.

"사람의 몸은 움직이려고 한다. 하지만 몸을 지나치게 움직여서는 안 된다. 몸을 움직이면 음식물을 소화시킬 수 있고, 혈맥이 유통되어 질병이 생기지 않는다. 비유컨대 자주 움직이는 문지도리가 썩지 않는 것과 같다. 이 때문에 옛날 신선들은 몸과 팔다리를 굽혔다 폈다 하는 도인술(導引術)을 했다. 곰처럼 나무를 끌어안고 올빼미처럼 몸은 움직이지 않고 뒤를 돌아보며, 허리를 끌어당기고 각 부위의 관절들을 운동시키면서 노화를 방지했다.

내가 다섯 가지 동물의 동작을 활용한 기공체조를 아는데, 첫째는 호희(虎戲), 둘째는 녹희(鹿戲), 셋째는 웅희(熊戲), 넷째는 원희(猿戲), 다섯째는 조희(鳥戲)이다. 마찬가지로 질병을 제거하고 팔다리를 이롭게 하니 도인술(導引術)에 해당한다. 몸이 불편할 때 이런 오금희(五禽戲) 운동을 하면 온 몸이 땀에 젖으면서 몸이 가벼워지고 뱃속에서 식욕을 느끼게 된다."

오보(吳甫)가 스승의 말대로 따라했더니 나이가 아흔 살이 넘도록 이목(耳目)이 영민하고 치아도 온전하였다.

주해

- 동요(動搖) : 움직이다. 활동하다.
- 호추(戶樞) : 문지도리. 樞(지도리 추)
- 인만(引挽) : 끌어당기다. 挽(당길 만)

사슴, 곰, 원숭이, 새 등을 말하며, 이들의 동작이나 자세를 모방하여 단련함으로써, 근육과 뼈를 움직이고 기혈을 소통시키며 체질을 증강시켰다.

5. 출사표(出師表)[9)]

제갈량(諸葛亮)[10)]

先帝創業未半而中道崩殂, 今天下三分, 益州疲弊, 此誠危急存亡之秋也. 然侍衛之臣不懈於內, 忠志之士忘身於外者, 蓋追先帝之殊遇, 欲報之於陛下也. 誠宜開張聖聽, 以光先帝遺德, 恢弘志士之氣, 不宜妄自菲薄, 引喻失義, 以塞忠諫之路也.

선제(先帝)께서 창업을 절반도 이루시기 전에 중도(中道)에 돌아가셨습니다. 지금 천하는 삼분되고 익주(益州)는 피폐해졌

9) 중국 삼국시대(三國時代 220~280년)에 당시 촉한(蜀漢)의 승상(丞相)이었던 제갈량(諸葛亮 184~234)이 후주(後主)인 유선(劉禪)에게 북벌을 앞서 올린 상소문이다.

10) 제갈량(諸葛亮, 181~234) : 삼국시대 촉한(蜀漢)의 정치가, 군략가. 자는 공명(孔明), 낭야(琅琊) 양도(陽道, 지금의 산동성 제성현(諸城縣) 사람이다. 흔히 '와룡선생(臥龍先生)'이라 부른다. 유비(劉備)의 삼고초려(三顧草廬)에 감동되어 유비를 도와 오(吳)나라 손권(孫權)과 연합하여 남하하는 조조(曹操)의 대군을 적벽(赤壁)에서 대파하고, 형주(荊州)와 익주(益州)를 점령하였다. 장무(章武) 원년(221) 유비가 제위에 오르자 승상(丞相)이 되어 천하삼분책(天下三分策)을 주장하였다.

으니, 이는 진실로 존망(存亡)이 걸린 위급한 때입니다.

그러나 폐하를 모시며 보위하는 신하들이 궁중에서 나태하지 않고, 충성스런 장사(將士)들이 전장(戰場)에서 자신의 안위를 돌보지 않는 것은 대개 선제의 특별한 대우를 추념(追念)하여 폐하께 보답하려고 하는 것입니다.

진실로 폐하께서는 신하들의 의견을 널리 들어서 선제께서 남기신 덕을 빛내시고 지사들의 기개를 북돋우셔야 합니다. 망령되이 스스로 경시하거나 사리에 맞지 않는 비유를 들어 충간(忠諫)의 길을 막아서는 안 됩니다.

주해

- 선제(先帝) : 한(漢) 소열제(昭烈帝) 유비(劉備)를 말한다.
- 창업(創業) : 천하를 통일시키는 대업(大業)을 이루다.
  '창(創)'은 개창(開創)의 뜻이다.
- 중도(中道) : 중도. 도중. '중도(中途)'와 같다.
- 붕조(崩殂 bēng cú) : 붕어(崩御)하다. '붕(崩)'은 황제의 죽음을 말한다. 殂(죽을 조)
- 삼분(三分) : 천하가 손권(孫權), 조조(曹操), 유비(劉備)의 세 나라로 분할되다.
- 익주(益州) : 한대(漢代) 행정구역상 13개 자사부(刺史部)의 하나. 사천성(四川省)과 섬서성(陝西省) 일대를 포괄하는데, 여기서는 촉한(蜀漢)을 가리킨다.
- 피폐(疲弊 pí bì) : 인력과 물자가 부족하여 백성들이 곤궁에 처하다는 뜻이다. 疲(지칠 피) 弊(해질 폐)
- 추(秋) : 때. 시기.
- 해(懈 xiè) : 게으르다. 태만하다. 懈(게으를 해)
- 내(內) : 조정. 황궁(皇宮).

- 망신(忘身) : 자신의 안위(安危)를 돌보지 않다.
- 추(追) : 추념(追念)하다.
- 수우(殊遇) : 특별한 대우. 우대(優待).
- 개장성덕(開張聖聽) : 널리 다른 사람들의 의견을 청취하다. '개장(開張)'은 확대하다는 뜻이다.
- 회홍(恢弘) : 북돋우다. 발양하고 확대시키다. '회굉(恢宏)'과 같다.
- 비박(菲薄) : 자신을 가볍게 여기다. 경시하다.
- 인유실의(引喩失義) : 합당하지 못한 비유를 들다. '인유(引喩)'는 비유하다는 뜻이다.
- 색(塞) : 막다. 저지하다.

宮中府中, 俱爲一體, 陟罰臧否, 不宜異同. 若有作奸犯科及爲忠善者, 宜付有司論其刑賞, 以昭陛下平明之理, 不宜偏私, 使內外異法也.

궁중(宮中)과 부중(府中)이 모두 한 몸이 되어 잘한 자에게 상을 주고 잘못한 자에게 벌을 내리는데 있어서 서로 달라서는 안 됩니다. 만약 간악한 짓을 하거나 법령을 위반한 자가 있고 충성과 선행을 하는 자가 있으면, 마땅히 유사(有司)에게 넘겨 그 상벌을 논하게 해서 폐하의 공평하고 엄명(嚴明)한 다스림을 밝게 드러내야하며, 사사로움에 치우쳐 안팎으로 법을 달리 집행해서는 안 됩니다.

주해

- 궁중(宮中) : 궁궐. 황궁.
- 부중(府中) : 승상부(丞相府).
- 척벌(陟罰 zhì fá) : 상을 주고 벌을 내리다. '척(陟)'은 장려하다는 뜻이다. '벌(罰)'은 징벌하다는 뜻이다. 陟(오를 척)
- 장비(臧否 zāng pǐ) : 잘하고 못함. '선악(善惡)' 또는 '포폄(褒貶)'과 같다. 臧(착할 장) 否(악할 비)
- 작간범과(作奸犯科) : 간악한 행위를 저지르고 법령을 위반하다. '과(科)'는 법령을 말한다.
- 평명(平明) : 공평하고 엄명(嚴明)하다.
- 리(理) : 다스리다. 처리하다. '치리(治理)'의 뜻이다.
- 편사(偏私) : 치우치다. 사심이 있다.
- 내외이법(內外異法) : 내궁(內宮)과 외부(外府)의 형벌이 다르다.

侍中侍郎 郭攸之·費禕·董允等, 此皆良實, 志慮忠純. 是以, 先帝簡拔, 以遺陛下. 愚以爲宮中之事, 事無大小, 悉以咨之, 然後施行, 必能裨補闕漏, 有所廣益. 將軍向寵, 性行淑均, 曉暢軍事, 試用於昔日, 先帝稱之曰能. 是以, 衆議擧寵爲督. 愚以爲營中之事, 事無大小, 悉以咨之, 必能使行陣和睦, 優劣得所也.

시중(侍中) 곽유지(郭攸之)와 비위(費禕), 시랑(侍郎) 동윤(董允)

등은 모두 선량하고 착실하며, 그 지향(志向)과 사려가 충직하고 순수합니다. 이 때문에 선제께서 발탁하여 폐하께 남겨주신 것입니다. 제 생각으로 궁중의 일은 크고 작은 일을 막론하고 모두 그들에게 물으신 연후에 시행하시면, 반드시 부족하고 빠진 것을 보완하는데 도움을 받아 널리 유익함이 있을 것입니다.

장군 상총(向寵)은 심성(心性)과 품덕(品德)이 선량하고 단정하며 군사(軍事)에 정통(精通)합니다. 그래서 옛날에 시험 삼아 거용(擧用)하시고는 선제께서 '유능하다고 칭찬하셨습니다. 이 때문에 여러 사람들이 의론해서 상총(向寵)을 도독으로 삼은 것입니다. 제 생각으로 군영(軍營)의 일은 크고 작은 일을 막론하고 모두 그에게 물으신다면, 반드시 군영을 화목하게 하고 재능이 서로 다른 사람들이 각기 적당한 자리를 얻을 수 있을 것입니다.

주해

- 지(志) : 지향(志向).
- 간(簡) : 선택하다. 간발(簡拔)하다. 일설에는 "간(揀)"과 통한다.
- 실이자지(悉以咨之) : 모두 그들과 상의하다. '실(悉)'은 모두이다. '자(咨)'는 상의하다, 자문을 구하다는 뜻이다.
- 비보궐루(裨補闕漏) : 부족하고 빠진 것을 보완하고 도와주다. 裨(도울 비) 闕(빠질 궐) 漏(샐 루)
- 성행숙균(性行淑均) : 성정(性情)이 선량하고 품덕(品德)이 단정하다. '균(均)'은 공평하다는 뜻이다.
- 효창(曉暢) : 정통하다.
- 시용(試用) : 임용(任用)하다.
- 독(督) : 무관의 직책. 상총(向寵)은 일찍이 중부독(中部督)을 맡은 적이 있다.
- 영(營) : 군영(軍營). 군대(軍隊).

- 항진(行陣 háng zhèn) : 부대(部隊)를 말한다.
- 우열득소(優劣得所) : 능력이 뛰어난 자와 부족한 자가 모두 제 자리를 얻다.

親賢臣, 遠小人, 此先漢所以興隆也. 親小人, 遠賢臣, 此後漢所以傾頹也. 先帝在時, 每與臣論此事, 未嘗不歎息痛恨於桓靈也. 侍中·尚書·長史·參軍, 此悉貞亮死節之臣, 願陛下親之信之, 則漢室之隆, 可計日而待也.

어진 신하를 가까이하고 소인배를 멀리한 것이 바로 전한(前漢)이 흥성한 이유이며, 소인배를 가까이하고 어진 신하를 멀리한 것이 바로 후한(後漢)이 쇠망(衰亡)한 이유입니다.

선제께서 살아계실 때 매번 저와 이 일을 논하시면서, 환제(桓帝)와 영제(靈帝)에 대해 탄식하며 통한으로 여기지 않으신 적이 없습니다.

시중(侍中), 상서(尙書), 장사(長史), 참군(參軍) 등은 모두 강직하고 신의가 있으며 충절을 위해 목숨을 바칠 신하들입니다. 원컨대 폐하께서 그들을 가까이 하고 그들을 믿으신다면, 한(漢)나라 왕실의 부흥은 날짜를 세면서 기다릴 수 있을 것입니다.

주해

- 소인(小人) : 여기서는 환관(宦官)을 말한다.
- 경퇴(傾頹) : 무너지다. 쇠망(衰亡)하다. 頹(무너질 퇴)
- 통한(痛恨) : 매우 한스럽게 여기다. '유감(遺憾)'과 같다.
- 사절(死節) : 나라를 위해 목숨을 바치다.
- 계일(計日) : 날짜를 세다. 시일이 멀지 않다.

臣本布衣, 躬耕南陽, 苟全性命於亂世, 不求聞達於諸侯. 先帝不以臣卑鄙, 猥自枉屈, 三顧臣於草廬之中, 咨臣以當世之事, 由是感激, 遂許先帝以驅馳. 後値傾覆, 受任於敗軍之際, 奉命於危難之間, 爾來二十有一年矣. 先帝知臣謹愼, 故臨崩寄臣以大事也. 受命以來, 夙夜憂嘆, 恐託付不效, 以傷先帝之明. 故五月渡瀘, 深入不毛. 今南方已定, 兵甲已足, 當獎率三軍, 北定中原. 庶竭駑鈍, 攘除姦兇, 興復漢室, 還于舊都. 此臣所以報先帝而忠陛下之職分也. 至於斟酌損益, 進盡忠言, 則攸之·褘·允之任也.

신(臣)은 본래 벼슬하지 않은 선비로 남양(南陽)에서 몸소 밭을 갈며 난세에 구차하게 목숨을 보전하면서, 제후들에게 영달(榮達)을 구하지 않았습니다. 그런데 선제께서 저를 비천하다고 여기지 않으시고, 외람되이 스스로 자신을 낮추시고 세 번이나 누추한 집으로 저를 찾아 오셔서, 당세(當世)의 일을 저에게 물으셨습니다.

이로 말미암아 감격해서 마침내 선제께 신명을 바쳐 일할 것을 허락하였습니다. 그 후 나라가 무너지려는 위기에 처하자 위급한 상황에서 명(命)을 받든 지 21년이 되었습니다.

선제께서 저의 근신함을 아셨기 때문에 임종하실 때 저에게 큰일을 맡기셨습니다. 명(命)을 받든 이후, 밤낮으로 근심하고 탄식한 것은, 맡기신 일을 이루지 못하여 선제의 영명(英明)하신 덕에 손상을 입힐까 두려워했기 때문입니다.

그러므로 5월에 노수(瀘水)를 건너 불모의 땅에 깊이 들어갔던 것입니다. 이제 남방은 이미 평정되었고, 군대와 무기도 이미 충분하니 마땅히 삼군(三軍)을 거느리고 북쪽으로 중원(中原)을 평정해야 합니다. 바라옵건대 노둔(駑鈍)한 제 힘을 다하여 간흉을 물리치고, 한(漢)나라 왕실을 다시 일으켜 옛 도읍으로 돌아갈 수 있게 해 주십시오. 이것이 바로 제가 선제의 은혜에 보답하고, 폐하께 충성을 다하는 직분입니다. 그리고 손익(損益)을 헤아리고 충언을 다하는 일은 곽유지(郭攸之)와 비위(費禕)와 동윤(董允) 등의 책임입니다.

주해

- 포의(布衣) : 평민. 백성.
- 궁(躬) : 몸소. 친히.
- 남양(南陽) : 지금의 호북성(湖北省) 양양(襄陽) 지역을 말한다.

- 구전(苟全) : 구차하게 보전(保全)하다.
- 문달(聞達) : 출세하여 이름을 날리다. '현달(顯達)'과 같다.
- 비비(卑鄙) : 지위나 신분이 낮다. 식견이 부족하다.
- 외(猥 wěi) : 외람되이. 욕되게.
- 왕굴(枉屈) : 굽히다. 신분을 낮추다.
- 고(顧) : 방문하다. 찾아오다.
- 허(許) : 응답하다. 허락하다.
- 구치(驅馳) : 말에 채찍질하여 힘껏 달리다. 신명을 바쳐 열심히 일하다.
- 경복(傾覆) : 전복되다. 무너지다. 覆(뒤집힐 복)
- 이래(爾來) : 그때부터. 그때 이래로. 이백(李白)의 《촉도난(蜀道難)》시에 나온다. "爾來四萬八千歲, 不與秦塞通人煙."
- 유(有) : 또. 다시. '우(又)'와 같다.
- 임붕(臨崩) : 임종할 때. '임(臨)'은 '장요(將要)'의 뜻이다.
- 숙야우탄(夙夜憂歎) : 아침저녁으로 근심하고 탄식하다. 夙(일찍 숙)
- 노(瀘 lú) : 물 이름. 지금의 금사강(金沙江)을 말한다.
- 병갑(兵甲) : 무기와 갑옷.
- 장솔(獎率) : 장려하고 인솔하다.
- 서(庶) : 바라다. 희망하다.
- 노둔(駑鈍 nú dùn) : 재능이 용렬(庸劣)하고 평범하다.
  '노(駑)'는 빨리 달리지 못하는 말이다.
  '둔(鈍)'은 칼날이 무딘 것이다.
- 양제(攘除 rǎng chú) : 배제하다. 제거하다. 攘(물리칠 양)
- 구방(舊都) : 여기서는 동한(東漢)의 수도 낙양(洛陽)을 말한다.
- 짐작(斟酌 zhēn zhuó) : 헤아리다. 짐작하다. 斟(짐작할 짐)
- 손익(損益 sǔn yì) : 손실과 이익. '득실(得失)'과 같다.

願陛下託臣以討賊興復之効, 不効則治臣之罪, 以告先帝之靈. 若無興德之言, 責攸之·褘·允等之慢, 以彰其咎. 陛下亦宜自謀, 以諮諏善道, 察納雅言, 深追先帝遺詔. 臣不勝受恩感激, 今當遠離, 臨表涕泣, 不知所云.

원컨대 폐하께서는 제게 적을 토벌하여 한(漢) 왕실을 부흥시키는 임무를 맡겨 주시고, 임무를 완성하지 못하면 저의 죄를 다스려 선제의 영전에 고하십시오.

만일 폐하의 성덕(聖德)을 드러내는 충언이 없다면, 곽유지(郭攸之)·비위(費褘)·동윤(董允) 등의 태만함을 꾸짖고 그 허물을 밝히십시오.

폐하께서도 또한 마땅히 스스로 도모하여 선도(善道)를 물으시고 바른 말을 받아들이며 선제의 유조(遺詔)를 깊이 생각하십시오.

저는 대은(大恩)을 입어 감격을 이길 수가 없습니다. 이제 멀리 떠나는 길에 표문(表文)을 쓰다가 눈물이 나오니 무슨 말씀을 드려야 할지 모르겠습니다.

주해

- 효(效) : 명(命)하신 임무를 다하다.
- 고(告) : 영전(靈前)에 고하다. '고제(告祭)'의 뜻이다.
- 흥덕지언(興德之言) : 폐하의 은덕(恩德)을 드러내는 충언.

- 창기구(彰其咎) : 그들의 허물을 밝히다. 彰(드러낼 창) 咎(허물 구)
- 자추(咨諏 zī zōu) : 묻다. 문의하다. 諏(물을 추)
- 찰납(察納) : 살펴서 받아들이다.
- 아언(雅言) : 좋은 말. 합리적인 의견. '정언(正言)'과 같다.
- 심추(深追) : 깊이 추념(追念)하다.
- 선제유조(先帝遺詔) : 선제(先帝) 유비(劉備)가 남긴 교훈. 《삼국지(三國志)·촉지(蜀志)·선주전(先主傳)》에서 나온다. "勿以惡小而爲之, 勿以善小而不爲. 惟賢惟德, 能服於人." '유조(遺詔)'는 왕이 임종 시에 남긴 조서(詔書)를 말한다.

6. 난정집서(蘭亭集序)[11)]

왕희지(王義之)[12)]

永和九年, 歲在癸丑, 暮春之初, 會於會稽山陰之蘭亭, 修禊事也. 群賢畢至, 少長咸集. 此地有崇山峻嶺, 茂林修竹. 又有淸流激湍, 映帶左右, 引以爲流觴曲水, 列坐其次. 雖無絲竹管絃之盛, 一觴一詠, 亦足以暢敍幽情.

---

11) 이 글은 당시 회계내사(會稽內史)를 지내던 왕희지(王羲之)가 진(晉)나라 목제(穆帝) 영화(永和) 9년(353) 늦봄에 지은 것이다. 당시 그는 명사 손작(孫綽)과 사안(謝安) 그리고 자신의 아들 왕응지(王凝之), 왕휘지(王徽之) 등 41명과 함께 난저(蘭渚 : 지금의 절강성 소흥현 서남 27리) 물가의 정자에서 춘계(春契)를 행하였다. 이 모임에 참석했던 사람들이 지은 시를 모아 시집을 만들면서 왕희지가 서문을 지었는데 이를 「난정집서(蘭亭集序)」라고 부른다. 「난정서(蘭亭序)」·「임하서(臨河序)」·「계첩(禊帖)」·「삼월삼일난정시서(三月三日蘭亭詩序)」라고도 부른다.

12) 왕희지(王羲之, 307~365) : 동진(東晉)의 정치가, 서법가. 자는 일소(逸少), 산동성(山東省) 임기현(臨沂縣) 낭야(琅琊) 출신이다, 우군장군(右軍將軍)을 역임하여 왕우군(王右軍)이라고 불렀다. 한(漢)나라와 위(魏)나라의 비문을 연구하여 해서(楷書)·행서(行書)·초서(草書)의 서체를 완성하여 서성(書聖)으로 불렀다. 관직은 비서랑(秘書郎)을 시작으로 유량(庾亮)의 장사(長史), 우군장군, 회계내사(會稽內史) 등을 역임했다. 그 후 벼슬을 그만두고 경치가 아름다운 회계(會稽)에서 사안(謝安)·손

영화(永和) 9년(353) 계축년 늦은 봄 초에 회계군(會稽郡) 산음현(山陰縣)의 난정(蘭亭)에 모인 것은 계제사(稽制司)를 지내기 위해서였다. 많은 현재(賢才)들이 모였고, 젊은이와 나이 든 사람들도 모두 모였다. 이곳은 높은 산과 험준한 고개들이 있고, 무성한 숲과 길게 자란 대나무가 있다. 또한 맑은 시냇물과 세차게 흐르는 여울이 정자 주위를 에워싸고 있다. 13)

계곡물을 끌어다가 술잔을 띄워 보낼 곡수(曲水)를 만들었고, 곡수(曲水) 주변에 자리를 정해 앉았다. 비록 거문고나 피리소리가 곁들인 성대한 연회는 아니지만, 술 한 잔에 시 한 수를 읊으니 또한 그윽한 정취를 펴기에 충분하였다.

주해

- 영화(永和) : 동진(東晉) 사마담(司馬聃: 穆帝)의 연호. 영화(永和) 9년은 353년에 해당한다.
- 모춘(暮春) : 음력 3월.
- 회계(會稽, kuài jī) : 군(郡) 이름. 지금의 절강성(浙江省) 소흥(紹興)을 말한다.
- 산음(山陰) : 현(縣) 이름. 지금의 소흥시(紹興市) 월성구(越城區)를 말한다.
- 수계사(修禊事, xiū xì shì) : 계사(禊事)를 행하다. '수(修)'는 '행(行)'의 뜻이다. '계(禊)'는 '불계(祓禊)'이다. 계사(禊事)란 옛날 음력 3월 상순(上旬) 사일(巳日)에 사람들이 물가에 가서 몸을 깨끗이 씻고 신에게 복을 기원하는 일을 말한다.
- 군현(群賢) : 많은 현재(賢才). 여기서는 사안(謝安) 등 32명의 명사(名士)를 말한다.

작(孫綽)·허순(許詢)·지둔(支遁) 등과 청담(淸談)을 나누면서 유유자적한 삶을 즐겼다.

- 소장(少長) : 젊은이와 나이든 장자(長子). 왕희지(王羲之)의 아들인 왕응지(王凝之)와 왕휘지(王徽之)는 나이가 어리고, 사안(謝安)과 왕희지(王羲之) 등은 장자(長子)에 속한다.
- 숭산준령(崇山峻嶺) : 고산준령(高山峻嶺). 곧 높고 험준한 산과 고개를 말한다.
- 수죽(修竹) : 키가 큰 대나무. '수(修)'는 '고(高)'와 같다.
- 격단(激湍) : 여울. 세차게 흘러가는 물줄기. 湍(여울 단)
- 영대좌우(映帶左右) : 정자 주위를 에워싸다.
  '영대(映帶)'는 에워싸다는 뜻이다.
- 유상곡수(流觴曲水, liu shāng qū shuǐ) : 곡수(曲水)에 술잔을 띄워 보내 술잔이 멈춘 자리에 앉아 있던 사람이 술을 마시며 시를 짓게 하던 놀이. 觴(술잔 상)
- 열좌기차(列坐其次) : 곡수(曲水) 주변에 자리를 정해서 차례대로 앉다. '열좌(列坐)'는 자리를 정해서 앉는다는 뜻이다. '차(次)'는 물가의 뜻이다.
- 일상일영(一觴一詠) : 술을 한 잔 마시고 시를 한 수 짓다.

是日也, 天朗氣清, 惠風和暢, 仰觀宇宙之大, 俯察品類之盛, 所以遊目騁懷, 足以極視聽之娱, 信可樂也.

이날 하늘은 청명하고 공기는 청신하였으며 봄바람은 따스하고 날씨는 화창하였다. 우러러 우주의 광대함을 살피고 고개 숙여 만물의 성대함을 살펴본다. 사방을 둘러보며 마음을 활짝 열어 보고 듣는 즐거움을 다할 수 있으니 참으로 즐거웠다.

주해

- 혜풍(惠風) : 온화한 바람.
- 품류(品類) : 자연계의 만물.
- 유목빙회(遊目騁懷) : 사방을 둘러보고 마음을 활짝 열다. 騁(달릴 빙)
- 신(信) : 진실로. 참으로.

夫人之相與, 俯仰一世. 或取諸懷抱, 悟言一室之內. 或因寄所託, 放浪形骸之外. 雖趣舍萬殊, 靜躁不同, 當其欣於所遇, 暫得於己, 快然自足, 不知老之將至. 及其所之旣倦, 情隨事遷, 感慨系之矣. 向之所欣, 俯仰之間, 已爲陳跡, 猶不能不以之興懷. 況修短隨化, 終期於盡. 古人云 : "死生亦大矣." 豈不痛哉!

무릇 사람이 세상을 살아가는데 그 일생이 매우 빠르게 지나간다. 어떤 사람은 자신의 마음속 회포를 취하여 집안에서 이야기하기도 하고, 어떤 사람은 자신이 좋아하는 사물에 기탁하여 육신 밖에서 마음껏 노닐기도 한다.

비록 취하고 버리는 것이 만 가지로 다르고 고요하고 시끄러움이 같지 않으나, 자신이 처한 바에 즐거움을 느끼면 잠시나마 자득(自得)하고 즐겁게 자족(自足)하면서 늙음이 장차 찾아오는 줄도 모른다.

그러다가 자신이 좋아하던 사물에 대해 마음이 시들해지면, 감정이 사물의 변화에 따라 변하고 감개(感慨)함이 그에 따라 생겨나게 된다.

지난번에 좋아했던 일이 순식간에 벌써 낡은 자취가 되어 버리니, 더욱 감회가 일어나지 않을 수 없다. 하물며 수명(修明)의 길고 짧음은 자연의 조화를 따르다가 마침내 소멸에 이르게 되는 일임에랴. 그러므로 옛사람이 말하길 "죽고 사는 것은 인생의 중대한 일이다."라고 했으니, 어찌 비통하지 않겠는가!

주해

- 상여(相與) : 함께 살다. 서로 교왕(交往)하다.
- 부앙일세(俯仰一世) : 일생(一生)이 매우 빠르게 지나가다. '부앙(俯仰)'은 시간이 매우 짧다는 뜻이다.
- 오언(悟言) : 얼굴을 마주보고 이야기하다. '오(悟)'는 '오(晤)'와 통한다. 晤(만날 오)
- 소탁(所托) : 자신이 좋아하는 사물이나 물건.
- 방랑(放浪) : 방종하다. 여기서는 구속을 받지 않는다는 뜻이다.
- 형해(形骸) : 육신. 신체.
- 취사(趣舍) : 취하거나 버리다. '취사(取捨)'와 같다.
- 만수(萬殊) : 천차만별(千差萬別)의 뜻이다.
- 정조(靜躁) : 고요하고 시끄러움. 躁(시끄러울 조)
- 부지노지장지(不知老之將至) : 노쇠함이 장차 찾아오는 것도 모르다. 《논어(論語)·술이(述而)》에 나오는 말이다. "그대는 왜 '그 사람됨이 분발하면 먹는 것도 잊어버리고, 즐거울 때는 근심을 잊어 장차 늙는 줄도 알지 못한다.'고 말하지 않았는가? [女奚不日, 其爲人也, 發憤忘食, 樂以忘憂, 不知老之將至云爾.]"
- 권(倦) : 싫증나다. 권태롭다.

- 정수사천(情隨事遷) : 감정이 사물의 변화에 따라 변하다.
  '천(遷)'은 변화의 뜻이다.
- 향(向) : 지난 번. 과거.
- 진적(陳跡) : 옛 자취. 陳(묵을 진)
- 수단수화(修短隨化) : 수명의 길고 짧음은 자연의 조화를 따른다.
  '화(化)'는 자연이다. 修(길 수)
- 사생역대의(死生亦大矣) : 죽고 사는 것은 인생의 중대한 일이다.
  《장자(莊子)·덕충부(德充符)》에 나오는 말이다. "중니(仲尼)가 말하기를 '죽고 사는 문제 또한 중대한 것이지만, 그 때문에 동요하지 않는다. 비록 하늘이 무너지고 땅이 꺼진다 해도 또한 그 때문에 떨어지지 않는다. 거짓 없는 참된 도를 깨달아서 사물에 따라 변화하지 않고, 만물의 변화를 명으로 받아들여 그 종지(宗旨)를 지킨다.'라고 하였다. [仲尼曰 : '死生亦大矣, 而不得與之變, 雖天地覆墜, 亦將不與之遺. 審乎無假而不與物遷, 命物之化而守其宗也.']"

每覽昔人興感之由, 若合一契, 未嘗不臨文嗟悼, 不能喻之於懷. 固知一死生爲虛誕, 齊彭殤爲妄作. 後之視今, 亦猶今之視昔. 悲夫! 故列敍時人, 錄其所述, 雖世殊事異, 所以興懷, 其致一也. 後之覽者, 亦將有感於斯文.

매번 옛 사람들이 감개(感慨)를 일으켰던 이유를 살펴보면, 마치 부절(符節)을 맞춘 것처럼 서로 똑같다. 그러니 옛 사람들의 글을 읽을 때마다 슬퍼하고 탄식하지 않을 수가 없으며, 이를 마음속으로 이해할 수도 없다.

진실로 생사(生死)가 하나라는 말이 허황되고, 팽조(彭祖)와 요절(夭折)한 이를 동일시하는 말이 망령된 것임을 알 수 있다. 후세 사람들이 지금의 사람들을 보는 것이 또한 지금의 사람들이 옛날의 사람들을 보는 것과 같을 것이니, 슬프도다.

그러므로 난정(蘭亭) 연회에 참석한 사람들을 하나하나 기록하고, 그들이 지은 시들도 모두 수록하였다. 비록 시대가 다르고 세태도 다르겠지만 사람의 감회를 일으키는 이유는 마찬가지이다. 그러므로 후세의 독자들도 이 시문(詩文)에 대해 느끼는 바가 있을 것이다.

주해

- 계(契) : 부계(符契). 부절(符節). 옛날의 일종의 신표(信標)이다.
- 차도(嗟悼, jiē dào) : 슬퍼하고 탄식하다.
- 제팽상(齊彭殤) : 장수(長壽)를 누린 팽조(彭祖)와 요절(夭折)한 아이를 동일시하다. '팽조(彭祖)'는 제요(帝堯) 때부터 은(殷)나라 말기까지 7백 년을 살았다고 전해지는 인물이다. '상(殤)'은 성년이 못되어 죽은 자를 말한다. 殤(일찍 죽을 상)

  《장자(莊子)·제물론(齊物論)》에 나오는 말이다. "천하에는 털끝보다 더 큰 것이 없고 태산이 작을 수도 있으며, 요절한 아이보다 더 장수한 이가 없고 오래 산 팽조가 요절했다고 할 수도 있다. [天下莫大於秋毫之末而大山爲小, 莫壽乎殤子而彭祖爲夭.]"
- 열서시인(列敍時人) : 당시 난정(蘭亭)의 연회에 참석했던 사람들을 하나하나 모두 기록하다.
- 사문(斯文) : 이번 연회에서 지어진 시문(詩文).

7. 도화원기(桃花源記)[13]

도연명(陶淵明)

晉太元中, 武陵人捕魚爲業. 緣溪行, 忘路之遠近. 忽逢桃花林, 夾岸數百步, 中無雜樹, 芳草鮮美, 落英繽紛. 漁人甚異之, 復前行, 欲窮其林.

"진(晉)나라 태원(太元) 연간에 어떤 무릉(武陵) 사람이 고기잡이를 하며 살고 있었다. 어느 날 계곡을 따라 노를 저어 가다가 얼마나 멀리 왔는지 잊어버렸다. 홀연히 복숭아 숲을 만났는데, 양쪽 언덕이 수백 보나 되고 도중에 잡목은 없었으며, 화초가 선명하고 아름다웠으며 낙화가 어지러이 떨어지고 있었다. 어부는 이를 매우 기이하게 여기고 다시 앞으로 나아가 복숭아 숲 끝까지 가보려고 하였다.

13) 《도화원기(桃花源記)》는 남조(南朝) 송(宋) 영초(永初) 3년(422년), 도연명(陶淵明)의 오언고시(五言古詩)인《도화원시(桃花源詩)》서두(序頭)에 쓴 소기(小記)이다.《도화원기(桃花源記)》는 세 부분으로 구성되어 있는데, 첫째 단락은 어부가 도화원을 발견하는 과정이고, 둘째 단락은 어부가 도화원 사람들의 환대를 받고 이별하는 과정이며, 셋째 단락은 태수를 비롯한 여러 사람들이 도화원을 찾아 나섰다가 실패한 경위를 서술한 것이다.

주해

- 진태원중(晋太元中) : '태원(太元, 376~397)'은 동진(東晋) 효무제(孝武帝)의 연호이다.
- 무릉(武陵) : 지금의 호남성(湖南省) 무릉산구(武陵山區) 혹은 호남상덕(湖南常德) 일대를 말한다.
- 연(緣) : ~을 따라.
- 낙영(落英) : 낙화(落花).
- 협안(夾岸) : 양쪽 언덕. '양안(兩岸)'과 같다.
- 빈분(繽紛) : 꽃잎이 어지러이 흩날리는 모양.
- 부(復) : 다시. 또.

林盡水源, 便得一山, 山有小口, 髣髴若有光. 便捨船, 從口入. 初極狹, 纔通人. 復行數十步, 豁然開朗. 土地平曠, 屋舍儼然. 有良田美池桑竹之屬. 阡陌交通, 雞犬相聞. 其中往來種作, 男女衣著, 悉如外人. 黃髮垂髫, 竝怡然自樂.

복숭아 숲이 끝나는 곳이 바로 계곡물의 발원지였는데, 그곳에 문득 산 하나가 있었다. 산에는 작은 동굴이 있었는데 그 안에 마치 빛이 보이는 것 같았다.

어부는 곧 배에서 내려 입구를 따라 들어갔다. 처음에는 매우 좁아 겨우 사람 하나가 지나갈 정도였으나, 다시 수십 보를 지나자 갑자기 탁 트이고 밝아졌다.

토지는 평탄하고 넓었으며 집들은 가지런했다. 비옥한 전답, 아름다운 연못, 뽕나무와 대나무 등이 있었다. 논두렁길이 사방으로 통하고 개 짖는 소리와 닭 우는 소리가 들렸다. 그 곳에서 사람들이 오가며 농사를 짓고 있었는데, 남녀의 옷차림은 외부 사람들과 같았다. 노인과 아이들은 모두 유쾌하고 즐거운 모양이었다.

주해

- 방불(髣髴 fǎng fú) : 마치 ~인 듯하다. 어렴풋하다.
- 사선(捨船) : 배를 버리다. 배에서 내리다.
- 재(纔 cái) : 겨우. 조금. '재(才)' 또는 '지(只)'와 같다.
- 활연개랑(豁然開朗) : 눈앞이 탁 트이고 밝아지다. 闊(트일 활)
- 평광(平曠) : 평탄하고 넓다. 曠(밝을 광)
- 엄연(儼然) : 가지런한 모양. 질서정연한 모양.
- 천맥교통(阡陌交通) : 논두렁길이 사방으로 통하다.
  '천맥(阡陌)'은 밭 사이 작은 길을 말한다.
- 계견상문(鷄犬相聞) : 닭과 개의 소리가 서로 들리다. 노자(老子) 도덕경(道德經) 제 80장에서 인용한 것이다. "이웃한 나라가 서로를 바라보며 닭과 개의 소리가 서로 들리는 곳에 있을 지라도 늙어 죽을 때까지 서로 왕래하는 일이 없을 것이다.(鄰國相望, 雞犬之聲相聞, 民至老死, 不相往來.)"
- 종작(種作) : 농사짓다.
- 의착(衣着) : 옷차림.
- 실여외인(悉如外人) : 모두 바깥세상 사람들과 같다.
- 황발수초(黃髮垂髫) : 노인과 어린아이들. '황발(黃髮)'은 노인을 말한다.
  '수초(垂髫)'는 머리를 아래로 땋아 내린 아이들을 말한다. 髫(다박머리 초)
- 이연(怡然) : 유쾌하고 즐거운 모양.

見漁人, 乃大驚, 問所從來. 具答之. 便要還家, 設酒殺雞作食. 村中聞有此人, 咸來問訊. 自云先世避秦時亂, 率妻子邑人來此絶境, 不復出焉, 遂與外人間隔. 問今是何世, 乃不知有漢, 無論魏晉. 此人一一爲具言所聞, 皆歎惋. 餘人各復延至其家, 皆出酒食. 停數日, 辭去. 此中人語云: "不足爲外人道也."

어떤 사람이 어부를 보고 크게 놀라며 '어디서 왔느냐?'고 물었다. 어부가 자세히 대답해 주었다. 그는 어부를 집으로 초청하여 술을 내오고 닭을 잡고 밥을 지어 대접하였다.

마을 사람들은 어부가 와있다는 말을 듣고는 모두 몰려와 이런저런 소식을 물었다. 마을 사람들이 스스로 말하기를, "우리 선조들이 진(秦)나라 때 난리를 피해 처자와 마을 사람들을 이끌고 이 외딴 곳에 들어와서, 다시는 바깥세상으로 나가지 않아서 마침내 외부 사람들과 단절이 되고 말았다."고 하였다.

그들은 지금이 어느 시대냐고 물었는데, 한(漢)나라가 있었던 사실도 알지 못하였으니, 위진(魏晉)은 말할 것도 없었다. 어부가 그들에게 자신이 알고 있던 사실들을 하나하나 말해 주었더니, 그들은 모두 감탄과 탄식을 하였다.

나머지 사람들도 각자 어부를 다시 자신들의 집으로 초청하여 모두 술과 음식을 대접하였다. 어부가 며칠을 머물다가 작별을 고했다. 마을 사람들이 말하기를 "외부 사람들에게 우리 일을 이야기하지 말라."고 하였다.

주해

- 종래(從來) : ~로부터 오다.
- 구(具) : 모두. 하나하나. '구(俱)'와 통한다. 俱(갖출 구)
- 선세(先世) : 선조(先祖). 조선(祖先).
- 요(要) : 초대하다. 초청하다. '요(邀)'와 통한다.
- 절경(絶境) : 외부와 단절된 곳.
- 간격(間隔) : 단절되다. 격절(隔絶)되다.
- 세(世) : 시대(時代). 조대(朝代).
- 무론(無論) : 말할 필요가 없다. 말하지 말라.
- 탄완(歎惋) : 감탄하고 탄식하다. 惋(한탄할 완)
- 연지(延至) : ~로 초청하다. 延(초청할 연)

既出, 得其船, 便扶向路, 處處誌之. 及郡下, 詣太守, 說如此. 太守即遣人隨其往, 尋向所誌, 遂迷, 不復得路.

어부는 마을을 나와서 배를 찾은 후, 지난번에 왔던 길을 따라 곳곳에 표시를 해두었다. 무릉군에 도착하여 태수를 배알하고 자초지종을 아뢰었다.

태수가 즉시 사람을 보내어 어부가 갔던 길을 따라서 지난번에 표시해 두었던 곳을 찾게 하였으나, 끝내 방향을 잃고 다시는 그 길을 찾지 못하였다.

주해

- 부향로(扶向路) : 이전에 왔던 길을 따라서. '부(扶)'는 '~을 따라서'의 뜻이다. '향로(向路)'는 지난번에 왔던 길을 말한다.
- 지(誌 zhì) : 표기(標記)하다. 표시하다.
- 군하(郡下) : 군수(郡守)가 집무하는 곳. 곧 무릉군(武陵郡)을 말한다.
- 예(詣 yì) : 나아가다. 배알하다.
- 심향소지(尋向所誌) : 전에 표기해두었던 곳을 찾다. 尋(찾을 심)

南陽劉子驥, 高尚士也, 聞之, 欣然規往. 未果, 尋病終, 後遂無問津者.

남양(南陽)의 유자기(劉子驥)는 고상한 선비인데, 그 이야기를 듣고 기뻐하면서 도화원을 찾아갈 계획을 세웠으나 뜻을 이루지 못하고 얼마 후에 병들어 죽었다. 그 후로 도화원을 찾는 사람이 없었다.

주해

- 유자기(劉子驥) : 유아(劉雅). 이름은 기지(驥之)이며 자(字)는 자기(子驥)이다. 도연명의 먼 친척이다. 《진서(晉書)》에 그의 전(傳)이 있는데, "好遊山澤"이라고 했다.

- 고상(高尙) : 품덕(品德)이 고상(高尙)하다는 뜻이다.
- 흔연(欣然) : 기뻐하는 모양.
- 규(規) : 계획을 세우다.
- 심(尋) : 갑자기. 오래지 않아. 尋(짧을 심)
- 문진(問津) : 길을 묻다. 津(나루터 진)

8. 귀거래사(歸去來辭)[14]

도연명(陶淵明)

余家貧, 耕植不足以自給. 幼稚盈室, 缾無儲粟. 生生所資, 未見其術. 親故多勸余爲長吏, 脫然有懷, 求之靡途. 會有四方之事, 諸侯以惠愛爲德, 家叔以余貧苦, 遂見用於小邑. 於時風波未靜, 心憚遠役. 彭澤去家百里, 公田之利, 足以爲酒. 故便求之. 及少日, 眷然有歸歟之情. 何則? 質性自然, 非矯厲所得. 飢凍雖切, 違己交病. 嘗從人事, 皆口腹自役. 於是悵然慷慨, 深愧平生之志. 猶望一稔, 當斂裳宵逝. 尋程氏妹喪於武昌, 情在駿奔, 自免去職. 仲秋至冬, 在官八十餘日. 因事順心, 命篇曰歸去來兮. 乙巳歲十一月也.

14) 〈귀거래사(歸去來辭)〉는 본래 제목이 〈귀거래혜사(歸去來兮辭)〉였는데, 소통(蕭統)의 《도연명전(陶淵明傳)》과 《문선(文選)》에는 〈귀거래(歸去來)〉로 나오고, 《도연명집(陶淵明集)》에는 〈귀거래혜사병서(歸去來兮辭幷序)〉로 되어 있다. 〈귀거래사(歸去來辭)〉는 도연명의 나이 41세 되던 가을(405년), 팽택(彭澤) 현령을 그만두고 고향으로 돌아와 지은 것이다.

내 집은 가난해서 농사를 지어도 자급할 수 없었다. 집안에 어린아이는 많은데 쌀 항아리에는 저장할 양식이 없었고, 생계를 유지하기 위한 어떤 방법도 찾을 수 없었다.

친척과 친구들이 여러 차례 내게 관리가 될 것을 권유해서, 활연(豁然)히 그럴 생각도 해보았지만 벼슬을 구할 방법이 없었다.

마침 사방에서 내란이 일어났고 제후들은 은혜를 베푸는 것을 미덕으로 삼았다. 집안의 숙부가 가난으로 고생하는 내 처지를 알고 추천한 결과 마침내 작은 고을의 현령이 되었다.

그때 환현(桓玄) 등을 토벌하는 전쟁이 아직 끝나지 않아서 먼 곳으로 벼슬길을 떠나는 것을 내심 두려워했다. 하지만 팽택현은 집에서 백 여리 정도 떨어져 있고, 공전(公田)에서 나오는 양곡으로 술을 빚을 수 있기 때문에 그 관직을 구하였던 것이다. 그러나 얼마 지나지 않아서 고향으로 돌아가고 싶은 생각이 간절하였으니, 이는 무엇 때문인가?

나의 본성이 진솔해서 타고난 것을 바꿀 수 없기 때문이다. 굶주림과 추위가 비록 절실하지만 내 자신의 의지와 어긋나면 심신이 병들게 된다. 전에 관직생활을 한 것은 모두 생계를 위해 내 자신을 부린 것이다. 이에 실의에 빠지고 비분강개한 마음이 일어나 평생의 뜻에 심히 부끄러웠다.

본래는 일 년을 기다렸다가 행장을 수습해서 밤에 떠나려고 하였다. 그러나 얼마 되지 않아 정씨(程氏)에게 시집간 누이가 무창(武昌)에서 죽었기 때문에 급히 문상을 가기 위해 스스로 면직을 청했다.

중추[음력 8월]부터 겨울까지 관직생활을 한 지가 80여 일쯤 되었다. 모든 일이 뜻대로 되었기 때문에 작품 이름을 "귀거래혜(歸去來兮)"라고 하였다.

때는 을사년[405] 11월이었다.

주해

- 귀거래혜(歸去來兮) : 돌아가자. 돌아갈지어다. '래(來)'는 추향(趨向)을 나타내는 어조사이다. '혜(兮)'는 어기사(語氣詞)이다.
- 유치(幼稚) : 어린아이.
- 병(缾 píng) : 항아리. '병(瓶)'과 같다. 缾(물장군 병)
- 속(粟 sù) : 곡식. 양식.
- 생생(生生) : 생계를 유지하다.
- 장리(長吏) : 비교적 높은 직위의 현리(縣吏).
- 탈연(脫然) : 경쾌한 모양. 개의치 않다.
- 미도(靡途) : 갈 길이 없다. 靡(없을 미)
- 회(會) : 마침.
- 제후(諸侯) : 여기서는 주군(州郡)의 장관(長官)을 말한다.
- 가숙(家叔) : 집안의 숙부인 '도기(陶夔)'를 말한다. 당시 태상경(太常卿)을 맡고 있었다.
- 풍파(风波) : 여기서는 안제(安帝) 융안(隆安) 2년(398), 의흥태수(義興太守) 환현(桓玄, 369~404)이 연주자사(兗州刺史) 왕공(王恭), 형주자사(荊州刺史) 은중감(殷仲堪) 등과 함께 반란을 일으킨 사건을 말한다.
- 팽택(彭澤) : 팽택현(彭澤縣). 지금의 강서성(江西省) 호구현(湖口縣) 동쪽에 위치한다.
- 권연(眷然) : 차마 떠나지 못하는 마음. 뒤돌아보는 모양. '의연(依戀)'과 같다.
- 귀여지정(歸歟之情) : 고향으로 돌아가고 싶은 마음. '귀여(歸歟)'는 고향으로 돌아가고 싶어서 나오는 탄식을 말한다.
  《논어(論語)·공야장(公冶長)》에 나온다. "子在陳曰 '歸歟, 歸歟!'"
- 질성(質性) : 본성(本性).
- 교려(矯勵 jiáo lì) : 잘못이나 단점을 힘써 고치다. '교려(矯厲)'와 같다.

矯(바로잡을 교) 勵(힘쓸 려) 《일주서(逸周書)·관인(官人)》에 나온다. "矯厲以爲勇, 內恐外誇, 亟稱其說, 以詐臨人." 이에 대해 주우증(朱右曾)의 《교석(校釋)》에 "矯厲, 矯情厲色也."라고 풀이했다.

- 교병(交病) : 신심교병(身心交病). 몸과 마음이 모두 병이 들다. 交(서로 교)
- 종인사(從人事) : 관리가 되다.
- 구복자역(口腹自役) : 호구지책(糊口之策)으로 자신을 부리다. '구복(口腹)'은 음식을 말한다.
- 창연(悵然) : 실망하는 모양. 실의에 빠진 모습.
- 일임(一稔) : 일 년. 곡물이 일 년에 한 번 여물어 익는 것을 말한다. 稔(곡식 익을 임)
- 염상(斂裳) : 행장을 수습하다. 斂(거둘 렴)
- 소서(宵逝 xīao shì) : 밤에 떠나다. 宵(밤 소)
- 심(尋) : 얼마 되지 않아.
- 무창(武昌) : 지금의 호북성(湖北省) 악성현(鄂城縣)을 말함.
- 준분(駿奔) : 분상(奔喪)하다. 곧 급히 장례를 치르러 간다는 뜻이다.
- 사(事) : 여기서는 관직을 버린다[辭官]는 뜻이다.
- 을사세(乙巳歲) : 진 안제(晉 安帝) 의희(義熙) 원년(405년)에 해당된다.

歸去來兮, 田園將蕪胡不歸? 既自以心爲形役, 奚惆悵而獨悲? 悟已往之不諫, 知來者之可追. 實迷途其未遠, 覺今是而昨非. 舟遙遙以輕颺, 風飄飄而吹衣. 問征夫以前路, 恨晨光之熹微.

돌아가리라.

전원이 장차 황폐해지려 하는데 어찌 돌아가지 않겠는가? 이미 스스로 마음을 육신의 노예로 삼았거늘, 어찌 실의에 빠져 홀로 슬퍼할 것인가? 이미 지나간 일은 돌이킬 수 없음을 깨달았으며, 앞으로 다가올 일은 좇을 수 있음을 알았도다. 실로 길을 잘못 든 지가 아직 오래되지 않았으니, 오늘이 옳고 지난날이 잘못되었음을 깨달았노라.

배는 흔들흔들 가볍게 나아가고, 바람은 살랑살랑 옷자락을 나부낀다. 행인에게 앞길을 물어 보며, 새벽빛이 희미한 것을 한스러워한다.

주해

- 호(胡 hú) : 어찌. 胡(어찌 호)
- 이심위형역(以心爲形役) : 마음이 육신의 노예가 되다.
  '역(役)'은 노역(奴役)의 뜻이다.
- 해(奚 xī) : 어찌. 무엇. 奚(어찌 해)
- 추창(惆悵 chóu chàng) : 실의에 빠진 모양.
- 이왕(已往)) : 지난 일.
- 간(諫 jiàn) : 바로잡다.
- 래자(來者) : 앞으로 다가올 일.
- 추(追) : 구제하다. 보완하다.
- 미도(迷途) : 길을 잘못 들다. 곧 벼슬생활을 말한다.
- 요요(遙遙) : 바람에 흔들거리는 모습.
- 경양(輕颺) : 가볍게 날리다. 서서히 앞으로 나아가다.
- 정부(征夫) : 행인. 나그네.
- 희미(熹微) : 희미하다. 곧 날이 아직 밝지 않은 상태를 말한다.

乃瞻衡宇, 載欣載奔. 僮僕歡迎, 稚子候門. 三徑就荒, 松菊猶存. 攜幼入室, 有酒盈罇. 引壺觴以自酌, 眄庭柯以怡顏. 倚南窗以寄傲, 審容膝之易安. 園日涉以成趣, 門雖設而常關. 策扶老以流憩, 時矯首而遐觀. 雲無心以出岫, 鳥倦飛而知還. 景翳翳以將入, 撫孤松而盤桓.

마침내 멀리서 누추한 우리 집이 보이자, 기쁜 마음에 급히 뛰어갔다. 하인들이 반갑게 맞이해주고, 어린 자식들은 대문에서 기다린다. 정원 앞 세 갈래 길은 잡초가 무성하지만, 소나무와 국화는 아직 그대로이다. 어린 자식의 손을 잡고 집안으로 들어서니, 술 단지에 술이 가득하다.

호리병과 술잔 들어 홀로 따라 마시고, 정원의 나뭇가지 바라보며 흐뭇한 표정 짓는다. 남쪽 창가에 기대어 의기양양 바라보니, 누추하고 작은 집이지만 편안하게 느껴진다.

날마다 정원을 거니는 것이 즐거운 취미가 되었고, 비록 대문은 있지만 항상 닫혀 있다. 지팡이 짚고 이리저리 거닐다가 수시로 쉬고, 때때로 고개 들어 먼 곳을 바라본다. 구름은 무심히 산굴에서 나오고, 날다가 지친 새들은 둥지로 돌아온다. 날은 어두워져 서산에 해지려 하는데, 외로운 소나무 어루만지며 돌아갈 줄 모르네.

주해

- 형우(衡宇) : 누추한 집. 허름한 집.
- 재(載)~재(載)… : 한편으로 ~하고, 한편으로 …하다.
- 동복(僮僕) : 가동(家僮)과 노복(奴僕). '동복(童仆)'과 같다.
  僮(하인 동) 僕(종 복)
- 삼경(三徑) : 뜰 안의 작은 세 갈래 길. 한(漢)나라 때 장후(蔣詡)가 은거하면서 집 앞의 대나무밭에 세 갈래의 길을 만들고, 은사(隱士)인 구중(求仲)과 양중(羊仲) 두 사람하고만 교류했다는 고사에서 나온 말이다.
- 영준(盈罇) : 술잔과 술 단지에 술이 넘치다. 罇(술단지 준)
- 면(眄 miàn) : 곁눈질하다. 여기서는 수시로 바라본다는 뜻이다.
- 이안(怡顔) : 얼굴에 기쁜 빛을 나타내다.
- 기오(寄傲) : 의기양양하다.
- 용슬(容膝) : 두 무릎을 받아들일만한 작은 자리. 곧 거처가 매우 협소하다는 뜻이다.
- 책부로(策扶老) : 지팡이를 짚다. '부로(扶老)'는 지팡이를 말한다.
- 유게(流憩) : 일정한 장소를 정하지 않고 도처에서 수시로 쉬는 것을 말한다.
- 교수(矯首) : 고개를 들다. 矯(들 교)
- 출수(出岫 chū xiù) : 산봉우리에서 나오다. 산굴에서 나오다. 岫(산굴 수)
- 경(景) : 그림자. '영(影)'과 같다. 여기서는 태양을 말한다.
- 예예(翳翳) : 어두컴컴한 모양. 翳(가릴 예)
- 반환(盤桓) : 배회하다. 서성이다.

歸去來兮, 請息交以絕遊. 世與我而相違, 復駕言兮焉求? 悅親戚之情話, 樂琴書以消憂. 農人告余以春及, 將有事于西疇. 或命巾車, 或棹孤舟. 旣窈窕以尋壑, 亦崎嶇而經丘. 木欣欣以向榮, 泉涓涓而始流. 善萬物之得時, 感吾生之行休.

돌아갈지어다.

세상 사람들과 내왕을 멈추고 교유를 끊으리라. 세상은 나와 서로 어긋나니, 다시 벼슬길에 올라 무엇을 구하겠는가? 친척들과의 정담을 즐거워하고, 거문고와 책을 벗 삼아 시름을 잊으리라.

농부가 내게 봄이 왔다고 일러 주니, 장차 서쪽 논밭에 나가 농사를 시작하리라. 때로는 휘장을 두른 수레를 불러 타고, 때로는 작은 배를 타고 노를 저어보네. 때로는 깊고 고요한 골짜기를 찾아가고, 때로는 울퉁불퉁한 산길을 지나간다. 초목은 무성해지고, 샘물은 가늘게 흘러간다. 만물이 때를 얻어 무성해짐을 부러워하고, 우리의 삶이 장차 끝나려함을 탄식하노라.

주해

- 식교(息交) : 세상 사람들과 내왕을 멈추다.
- 절유(絶遊) : 세상 사람들과 교유(交遊)를 끊다.
- 가언(駕言) : 수레를 타다. 벼슬하다. '언(言)'은 어조사이다.
- 유사(有事) : 여기서는 농사일을 말한다.

- 건거(巾車) : 휘장을 두른 작은 수레.
- 요조(窈窕 yǎo tiǎo) : 유심(幽深)하고 구불구불한 모양.
- 기구(崎嶇 qí qū) : 울퉁불퉁하다. 가파르고 험하다.
- 목흔흔이향영(木欣欣以向榮) : 초목이 무성한 모양.
  '흔흔(欣欣)'과 '향영(向榮)'은 초목이 자라 무성하다는 뜻이다.
- 연연(涓涓 juān juān) : 물이 가늘게 졸졸 흐르는 모양.
- 선(善) : 부러워하다. '선모(羨慕)'의 뜻이다.
- 행휴(行休) : 생명이 장차 끝나려하다.
  장선(張銑)의 주(註)에 "休, 謂死也."라고 했다.

已矣乎! 寓形宇內復幾時? 曷不委心任去留? 胡爲乎遑遑欲何之? 富貴非吾願, 帝鄕不可期. 懷良辰以孤往, 或植杖而耘耔. 登東皐以舒嘯, 臨淸流而賦詩. 聊乘化以歸盡, 樂乎天命復奚疑?

아서라.

천지간에 몸을 의탁해 사는 것이 또한 얼마나 되겠는가? 어찌 거취(去就)를 내 마음에 맡기지 아니하는가? 어찌 허둥대며 어디로 가려 하는가? 부귀는 내가 원하는 바가 아니요, 신선의 세계는 기약할 수 없노라.

좋은 봄날을 맞아 홀로 밖에 나가본다. 때로는 지팡이를 세워두고 논밭의 잡초를 맨다. 동쪽 언덕에 올라 길게 휘파람을 부르고, 맑은 시냇가에 나아가 시를 읊조린다. 문득 대자연의 조화에 순응하여 죽을 것이니, 기꺼이 천명을 즐길 뿐 다시 무엇을 의심하겠는가?

주해

- 이의호(已矣乎) : 아서라. 그만두자.
- 우형(寓形) : 몸을 의탁하다.
- 우내(宇內) : 천지간. 곧 세상을 말한다.
- 갈(曷 hé) : 어찌. 언제. 曷(어찌 갈)
- 위심임거류(委心任去留) : 거취(去就)와 진퇴(進退)를 자기 뜻대로 하다. '위심(委心)'은 마음으로 하고 싶은 바를 따른다는 뜻이다. '거류(去留)'는 생사(生死)와 진퇴(進退)를 말한다.
- 황황(遑遑) : 황급한 모양. 마음이 급하여 허둥대는 모양.
- 제향(帝鄕) : 선향(仙鄕). 신선이 사는 곳.
- 기(期) : 기약하다. 희망하다.
- 양신(良辰) : 좋은 날. 길일.
- 운자(耘耔 yún zǐ) : 김매고 땅을 북돋우다. 耘(김맬 운) 耔(북돋울 자)
- 소(嘯) : 휘파람을 불다. 읊조리다.
- 료(聊) : 잠시. 애오라지.
- 승화(乘化) : 대자연의 변화에 순응하다.
- 귀진(歸盡) : 죽다. 죽음에 이르다. '사망(死亡)'과 같다.

9. 등왕각서(滕王閣序)[15)]

왕발(王勃)[16)]

豫章故郡, 洪都新府. 星分翼軫, 地接衡廬. 襟三江而帶五湖, 控蠻荊而引甌越. 物華天寶, 龍光射牛斗之墟. 人傑地靈, 徐孺下陳蕃之榻. 雄州霧列, 俊采星馳, 臺隍枕夷夏之交, 賓主盡東

15) 원래 제목은 「추일등홍부등왕각전별서(秋日登洪府滕王閣餞別序)」이다. 변려문(騈儷文) 가운데 대표적인 명문으로, 「등왕각시서(滕王閣詩序)」 또는 「연등왕각서(宴滕王閣序)」라고도 부른다. 등왕각(滕王閣)은 중국 강서성(江西省) 남창(南昌)에 있는 누각으로, 653년 당(唐)나라 고종(高宗)의 22번째 아들인 滕王(등왕) 이원영(李元嬰, ?~684)이 홍주도독(洪州都督)이 되었을 때 세웠다.

16) 왕발(王勃, 650~676) : 당(唐)나라 초기의 대표적 시인. 자는 자안(子安), 강주(絳州) 용문(龍門) 출생이다. 수(隋)나라 말기의 학자인 왕통(王通)의 손자이다. 6세 때부터 문장을 잘하였고, 17세 때인 666년 유소과(幽素科)에 급제하였다. 젊어서 그 재능을 인정받아 664년에 이미 조산랑(朝散郎)의 벼슬을 받았다. 왕족인 패왕(沛王) 현(賢)을 섬겼으나, 당시 유행하였던 투계(鬪鷄)에 대하여 장난삼아 쓴 글로 고종(高宗)의 노여움을 사서 사천(四川) 지방을 방랑하였다. 그 후 교지(交趾)의 영(令)으로 좌천된 아버지 복치(福畤)를 만나러갔다가 돌아오던 중에 배에서 바다로 떨어져 익사하였다. 5언 절구(五言絶句)에 뛰어났으며, 시문집으로 《왕자안집(王子安集)》이 있다. 양형(楊炯), 노조린(盧照鄰), 낙빈왕(駱賓王) 등과 함께 '초당사걸(初唐四傑)'로 불린다.

南之美. 都督閻公之雅望, 棨戟遙臨. 宇文新州之懿範, 襜帷暫駐. 十旬休假, 勝友如雲. 千里逢迎, 高朋滿座. 騰蛟起鳳, 孟學士之詞宗. 紫電淸霜, 王將軍之武庫. 家君作宰, 路出名區. 童子何知, 躬逢勝餞.

예장(豫章)은 옛 군의 이름이요, 홍도(洪都)는 새 도읍이다. 별자리는 익(翼)과 진(軫)으로 나뉘었고, 땅은 형산(衡山)과 여산(廬山)에 접해 있다. 삼강(三江)을 옷깃으로 두르고 오호(五湖)를 띠로 둘렀으며, 형만(荊蠻) 땅을 제어하고 구월(甌越) 지역과 연접하고 있다.

물산(物産)의 정화는 하늘이 내린 보배이니 용천검의 광채가 견우성과 남두성 사이로 뻗고, 인걸은 지령(地靈)을 받아 나오니 서유(徐孺)가 태수 진번(陳蕃)의 걸상을 내려오게 하였다. 웅장한 홍주(洪州)는 안개처럼 크게 번성하고, 걸출한 인재들이 별처럼 많이 출현하였으며, 대황(臺隍)은 중국과 변방의 접경에 위치해있고, 연회에 모인 빈객과 주인은 모두 동남 지역의 인물들이다.

고상한 명망을 지닌 도독(都督) 염공(閻公)이 먼 곳에서 참석하였고, 아름다운 덕행을 갖춘 신주(新州)의 우문(宇文)태수가 찾아와 잠시 머물렀다. 순휴(旬休)의 휴가를 맞이한 좋은 벗들이 구름처럼 모여들었고, 천리 먼 곳에서 찾아온 훌륭한 벗들이 자리를 가득 메웠다. 교룡이 날고 봉황이 춤을 추니 맹학사의 시문(詩文)이요, 자전과 청상은 왕장군이 보관하고 있는 보검이로다.

내 부친은 교지(交址)의 현령으로, 이번에 뵈러가는 길에 이 좋은 고을을 지나게 되었다. 아무것도 모르는 어린 내가 뜻밖에도 이런 성대한 연회에 참석하게 되었도다.

주해

- 예장(豫章) : 한대(漢代)에 설치된 행정구역으로 치소(治所)가 남창(南昌)에 있었기 때문에 고군(故郡)이라 하였다.
- 홍도(洪都) : 당(唐)나라 초기에 예장(豫章)을 '홍주(洪州)'로 변경했기 때문에 '신부(新府)'라 하였다.
- 익진(翼軫) : '익(翼)'과 '진(軫)'은 모두 별이름으로, 홍주(洪州)는 두 별이 대치하고 있는 지면에 속한 지역이다.
- 형여(衡廬) : 형산(衡山)과 여산(廬山)을 말함.
- 삼강(三江) : 장강 중하류 유역을 말함. 옛날에는 장강(長江)이 팽려(彭蠡)를 지나면서 세 갈래로 나뉘어 바다로 들어가기 때문에 '삼강(三江)'이라 불렀다.
- 오호(五湖) : 태호(太湖) 부근의 호수들을 말함. 또는 태호(太湖)·파양호(鄱陽湖)·청초호(青草湖)·단양호(丹陽湖)·동정호(洞庭湖)를 지칭하기도 한다.
- 형만(荊蠻) : 옛날 초(楚)나라 지역. 오늘날 호북(湖北)과 호남(湖南) 일대를 말한다.
- 구월(甌越) : 동구(東甌) 지역. 오늘날 절강성(浙江省) 영가(永嘉) 일대를 말한다.
- 대황(臺隍) : 성대(城臺)와 성지(城池). 여기서는 남창성(南昌城)을 말함.
- 빈주(賓主) : 연회에 참석한 빈객과 주인. 주인은 염공(閻公)을 말하는데, 이름은 미상이다.
- 계극(棨戟) : 의장용(儀仗用) 창. 곧 도독(都督)의 행차를 의미한다.

- 신주(新州) : 지명. 지금의 광동성 '신흥(新興)'을 말한다.
- 첨유(襜帷, chān wéi) : 수레의 장막. 곧 태수의 행차를 의미한다.
- 십순유가(十旬休假) : 순휴(旬休). 옛날 관리들이 십 일 동안 일하고 하루를 쉬는 제도를 말한다.
- 맹학사지사종(孟學士之詞宗) : 문단의 중심인물인 맹학사. 이름은 미상이다.
- 자전청상(紫電清霜) : '자전(紫電)'과 '청상(清霜)'은 모두 보검의 이름이다. 《고금주(古今注)》에 "吳大皇帝[孫權]有寶劍六, 二曰紫電."이라 했고, 《서경잡기(西京雜記)》권1에 "高祖斬白蛇劍, ……刃上常若霜雪."라고 했는데, '청상(青霜)'과 같은 의미이다.
- 재(宰) : 현령(縣令). 당시 왕발(王勃)의 아버지가 교지(交址)의 현령으로 부임했다.

時維九月, 序屬三秋. 潦水盡而寒潭清, 煙光凝而暮山紫. 儼驂騑於上路, 訪風景於崇阿. 臨帝子之長洲, 得仙人之舊館. 層巒聳翠, 上出重霄. 飛閣流丹, 下臨無地. 鶴汀鳧渚, 窮島嶼之縈回. 桂殿蘭宮, 即岡巒之體勢.

때는 바야흐로 구월, 계절은 계추(季秋)이다. 길가에 고인 물이 마르니 차가운 연못이 맑고, 구름 노을이 엉기니 저무는 산이 자색으로 빛난다. 네 필이 끄는 수레를 위엄 있게 치장하여 길을 나서고, 좋은 경치를 찾아 높은 산을 오른다. 등왕각 앞의 모래섬을 찾아와 선인이 머물던 옛 터를 찾았다.

중첩한 산봉우리는 높이 솟아 위로 하늘까지 찌르고, 높다란 누각은 단청 빛을 띠고 아래로 땅이 보이지 않는다. 학이 노는 물가와 오리가 노니는 모래섬이 섬들을 둘러싸고 있고, 계수나무 궁전과 목란 궁궐이 산등성이를 따라 줄지어 있다.

주해

- 삼추(三秋) : 계추(季秋). 곧 구월(九月)을 말한다.
- 참비(驂騑, cān fēi) : 곁마. 네 필의 말이 끄는 마차에서 바깥의 두 말.
- 장주(長洲) : 등왕각 앞에 있는 모래섬.

披繡闥, 俯雕甍, 山原曠其盈視, 川澤紆其駭矚. 閭閻撲地, 鍾鳴鼎食之家. 舸艦彌津, 青雀黃龍之舳. 雲銷雨霽, 彩徹區明. 落霞與孤鶩齊飛, 秋水共長天一色. 漁舟唱晚, 響窮彭蠡之濱, 雁陣驚寒, 聲斷衡陽之浦.

채색한 문을 열고 조각한 용마루 누각에서 내려다보니, 산과 들은 광활하여 눈앞에 가득하고 시내와 못은 광대하여 보는 이의 눈을 놀라게 한다.

집들이 도처에 늘어서 있는데 종을 울려 솥을 걸어놓고 식사하는 명문거족(名門巨族)들이요, 큰 배들이 나루터에 가득 정박해있는데 뱃머리를 청작(青雀)과 황룡(黃龍)으로 장식하였다.

무지개 사라지고 비도 개니 햇살이 비추고 하늘은 청명하다. 저녁노을은 외로운 기러기와 나란히 날고, 가을 물빛은 높은 하늘과 같은 색이다. 저녁 고깃배 노래소리가 팽려(彭蠡)의 물가에 울려 퍼지고, 추위에 놀란 기러기 울음소리가 형양(衡陽)의 포구에서 그친다.

주해

- 조맹(雕甍, dīao méng) : 조각한 용마루. 雕(새길 조) 甍(용마루 맹)
- 해촉(駭矚, hài zhŭ) : 보는 눈을 놀라게 하다. 駭(놀랄 해) 矚(볼 촉)
- 박지(撲地, pū dì) : 도처에 있다. 여기저기 있다. '편지(遍地)'와 같다. 《문선(文選)·포조(鮑照)》에 "廛閈撲地, 歌吹沸天."이라 했고, 이선(李善)의 주(註)에 《방언(方言)》을 인용하여 "撲, 盡也."라고 풀이했다. 廛(가게 전) 閈(이문 한)
- 여염(閭閻, lǘ yán) : 마을. '이문(里門)'과 같다. 여기서는 집을 말한다.
- 팽려(彭蠡, péng lĭ) : 팽려. 현재의 파양호(鄱陽湖)를 말한다.
- 형양(衡陽) : 중국 호남성(湖南省) 중남부에 있는 도시. 옛 이름은 형주(衡州)이다. 이곳에 '회안봉(回雁峰)'이 있는데, 가을에 기러기들이 이곳까지 날아와 머무르다가 이듬해 봄이 되면 다시 돌아간다고 한다.

遙襟甫暢, 逸興遄飛. 爽籟發而清風生, 纖歌凝而白雲遏. 睢園綠竹, 氣淩彭澤之樽. 鄴水朱華, 光照臨川之筆. 四美具, 二難並. 窮睇眄於中天, 極娛遊於暇日. 天高地迥, 覺宇宙之無窮. 興盡悲來, 識盈虛之有數. 望長安於日下, 目吳會於雲間. 地勢極而南溟深, 天柱高而北辰遠. 關山難越, 誰悲失路之人. 萍水相逢, 盡是他鄕之客. 懷帝閽而不見, 奉宣室以何年?

높이 올라 먼 곳을 바라보니 가슴속이 후련해지고, 세속을 초탈한 흥취가 저절로 생겨난다. 맑은 피리소리에 시원한 바람이 일어나고, 아름다운 노랫소리 감돌아 흰 구름도 멈추게 한다.

휴원(睢園)의 푸른 대나무는 그 기상이 팽택현령(彭澤縣令) 도연명(陶淵明)의 주량을 능가하고, 업수(鄴水)의 붉은 연꽃은 그 광채가 임천내사(臨川內史) 사령운(謝靈運)의 문채보다 뛰어나다.

오늘 이 자리는 네 가지 아름다움을 다 갖추었고, 현주(賢主)와 가빈(嘉賓)이 만나기 어렵다는 두 가지 일도 아울러 구비되었다. 눈으로 저 하늘 끝까지 바라다보고 한가한 날에 즐거움을 마음껏 누린다. 하늘은 높고 땅은 아득하니 우주의 무궁함을 깨닫고, 흥이 다하면 슬픔이 찾아오니 성쇠에 정해진 운명이 있음을 알겠노라. 멀리 태양 아래 장안을 바라보고, 구름 사이로 오회(吳會)를 살핀다.

지세가 다한 곳에 깊은 남쪽 바다가 있고, 하늘기둥 높은 데 북극성은 멀기만 하다. 관산은 넘기도 어려운데 누가 길 잃은 사람을 슬퍼해주고, 부평초와 물이 만났으니 모두가 타향의 나그네라네. 황제가 사는 곳을 그리워해도 보이지 않으니, 어느 해에나 선실(宣室)에서 봉명(奉命)할까?

주해

- 휴원녹죽(睢園綠竹) : 휴원(睢園)의 푸른 소나무. '휴원(睢園)'은 서한(西漢) 양효왕(梁孝王)이 휴수(睢水)에 세운 대나무 정원을 말한다. 睢(우러러볼 휴)
- 업(鄴) : 지금의 하북성 임장(臨漳)으로 당시 위(魏)나라 수도였다. 조식(曹植)이 이곳에서 지은 「공영시(公宴詩)」에 "朱華冒綠池"라는 구절이 나온다.
- 임천지필(臨川之筆) : 임천내사(臨川內史)의 붓. 곧 일찍이 임천내사(臨川內史)를 지낸 사령운(謝靈運)을 말한다. '임천(臨川)'은 오늘날 강서(江西) 지역에 해당한다.
- 사미(四美) : 사령운(謝靈運)의 「의위태자업중집시서(擬魏太子鄴中集詩序)」에 나오는 양신(良辰)·미경(美景)·상심(賞心)·낙사(樂事) 등 네 가지 좋은 일을 말한다.
- 제면(睇眄, dì miǎn) : 곁눈질로 보다. 돌아보다. 睇(볼 제) 眄(볼 면)
- 오회(吳會) : 오군(吳郡)과 회계군(會稽郡). 또는 오(吳)나라 땅을 말함.
- 천주(天柱) : 하늘을 떠받치는 높은 청동기둥. '천주(天柱)'와 같다. 《신이경(神異經)》에 곤륜산의 청동기둥이 높이 솟아 하늘을 떠받치고 있다는 기록이 나온다.
- 제혼(帝閽, dì hūn) : 천제(天帝)의 궁문(宮門). 여기서는 황제의 궁문을 말한다.
- 선실(宣室) : 한(漢)나라 미앙궁(未央宮)의 정실(正室). 한(漢)나라 문제(文帝)가 일찍이 이곳에서 가의(賈誼)를 접견하고 한밤중까지 담소를 즐겼다고 한다.

嗟乎! 時運不齊, 命途多舛. 馮唐易老, 李廣難封. 屈賈誼於長沙, 非無聖主. 竄梁鴻於海曲, 豈乏明時? 所賴君子見機, 達人知命. 老當益壯, 寧移白首之心? 窮且益堅, 不墜青雲之志. 酌貪泉而覺爽, 處涸轍以猶歡. 北海雖賒, 扶搖可接. 東隅已逝, 桑榆非晩. 孟嘗高潔, 空餘報國之情. 阮籍猖狂, 豈效窮途之哭!

오호라, 시운(時運)이 순조롭지 못하니 명운(命運)도 험난하구나. 풍당(馮唐)은 등용되기도 전에 늙어버렸고, 이광(李廣)은 공적이 있어도 제후로 봉해지지 못했네. 가의(賈誼)가 장사(長沙)로 좌천시킨 것은 성주(聖主)가 없어서가 아니며, 양홍(梁鴻)이 바닷가에 은거했다고 해서 어찌 성세(盛世)가 아니라고 하겠는가?

내가 알기로 군자는 사물의 기미(機微)를 살피고, 달인(達人)은 천명을 알 뿐이네. 늙을수록 장지(壯志)가 더욱 곧으니 어찌 늙어서도 뜻을 바꿀 것이며, 곤궁해도 뜻이 더욱 굳세니 청운의 뜻을 저버리지 않네.

탐천(貪泉)의 물을 마셔도 마음은 더욱 맑아지고, 말라버린 수레자국에 처해도 마음은 오히려 즐겁다네. 북해가 비록 멀지만 부요(扶搖)를 타면 다다를 수 있고, 젊은 시절은 이미 지나갔지만 노년이라도 아직 늦지 않았네.

맹상(孟嘗)은 성품이 고결하여 부질없이 나라에 보답하려는 뜻을 품었으며, 완적(阮籍)은 예법에 얽매이지 않아 길이 없는 곳에서 통곡하다 돌아왔는데, 어찌 이를 본받겠는가?

주해

- 풍당(馮唐) : 한(漢)나라 무제(武帝)가 인재를 구할 때 천거를 받았으나 나이가 이미 구십이 넘어 관직을 맡을 수 없었다.
- 이광(李廣) : 한(漢) 무제(武帝) 때의 명장. 70여 차례나 흉노를 정벌하여 큰 공을 세웠지만 제후에 봉해지지 못했다.
- 가의(賈誼) : 한(漢)나라 문제(文帝)가 가의(賈誼)를 공경(公卿)에 임용하려고 했으나 권신(權臣)들의 반대로 가의를 멀리하고 장사왕(長沙王)의 태부(太傅)로 삼았다. 후에 자신의 불우한 처지를 빗대어 「조굴원부(弔屈原賦)」를 지었다.
- 양홍(梁鴻) : 동한(東漢) 사람으로 시(詩)를 지어 장제(章帝)를 풍자하다가 제로(齊魯) 지역으로 피신하였다.
- 탐천(貪泉) : 옛날 광주(廣州)에 있던 석문수(石門水). 이 물을 마시면 탐심(貪心)이 일어난다고 전한다.
- 학철(涸轍) : 수레바퀴 자국에 고인 물. 곤궁에 처한 경우를 비유한 말이다. 涸(물마를 학) 《장자(莊子)·외물(外物)》 편에 나오는 고사이다.
- 동우(東隅) : 동쪽의 해가 뜨는 곳. 여기서는 젊은 시절 또는 처음을 말한다.
- 상유(桑榆) : 서쪽의 해가 지는 곳. 여기서는 노년 또는 때가 늦은 것을 의미한다.
- 맹상(孟嘗) : 동한(東漢) 사람. 합포태수(合浦太守)로 있을 때 선정(善政)을 베풀어 백성들의 사랑을 받았으나 조정에 중용되지 못했다.
- 완적(阮籍) : 진(晉)나라 때 시인. 죽림칠현(竹林七賢)의 하나로 예법에 구애받지 않았고 음주를 좋아하였다.

勃, 三尺微命, 一介書生. 無路請纓, 等終軍之弱冠. 有懷投筆, 慕宗慤之長風. 舍簪笏於百齡, 奉晨昏於萬里. 非謝家之寶樹, 接孟氏之芳鄰. 他日趨庭, 叨陪鯉對.[17] 今茲捧袂, 喜托龍門. 楊意不逢, 撫凌雲而自惜.[18] 鍾期旣遇, 奏流水以何慚?

나는 신분이 미천한 일개 서생으로, 약관(弱冠)의 종군(終軍)과 나이가 같지만 군대에 들어가 보국(報國)할 기회가 없었다. 반초(班超)와 같이 붓을 버리고 종군하여 공을 세우고, 종각(宗慤)과 같이 장풍을 타고 전공을 세우고자 하였다.

---

17) "공자가 홀로 서 있을 때 아들 리(鯉)가 종종걸음으로 뜰을 지나갔다. 공자가 묻기를 '시(詩)를 배웠느냐?'라고 하니, '아직 배우지 못했습니다.'라고 하였다. 다시 공자가 '시(詩)를 배우지 않으면 말을 할 수 없느니라.'라고 말하자, 리(鯉)가 물러나 시(詩)를 배웠다. 다른 날 공자가 또 홀로 서 있을 때 아들 리(鯉)가 종종걸음으로 뜰을 지나갔다. 공자가 묻기를 '예(禮)를 배웠느냐?'라고 하니, '아직 배우지 못했습니다.'라고 하였다. 다시 공자가 '예(禮)를 배우지 않으면 바로 설 수 없느니라.'라고 말하자, 리(鯉)가 물러나 예(禮)를 배웠다. [嘗獨立, 鯉趨而過庭, 曰學詩乎? 對曰未也. 不學詩, 無以言. 鯉退而學詩. 他日又獨立, 鯉趨而過庭. 曰學禮乎? 對曰未也. 不學禮, 無以立. 鯉退而學禮.]"(논어(論語)·계씨(季氏)》)

18) 《사기(史記)·사마상여전(司馬相如傳)》의 기록에 의하면, 사마상여(司馬相如)가 무제(武帝)에게 「대인부(大人賦)」를 바쳤는데, 무제가 크게 기뻐하며 "飄飄有淩雲之氣, 似遊天地之間."라고 말하였다.

하지만 일생의 부귀공명을 포기하고, 만 리 밖에서 조석으로 부모님을 모시고자 한다. 사씨(謝氏) 집안의 보배로운 나무는 아니지만, 오늘 좋은 가빈(嘉賓)들을 뵙게 되었네. 나중에 집안에서 공리(孔鯉)처럼 공손히 부친의 가르침을 배우겠노라.

오늘 염공(閻公)의 초대를 받아 연회에 참가하니 마치 등용문(登龍門)에 오른 듯하네. 사마상여(司馬相如)가 양의(楊意)의 천거를 받지 못했다면 「대인부(大人賦)」만 어루만지며 스스로 탄식했을 것이요, 종자기(鍾子期)와 같은 지음(知音)을 만났으니 고산유수(高山流水)와 같은 악곡을 연주한들 어찌 부끄럽겠는가?

주해

- 삼척미명(三尺微命) : 신분이 낮은 선비. '삼척(三尺)'은 선비가 허리에 찬 진신(縉紳)을 말한다. '미명(微命)'은 신분이 낮다는 뜻이다. 왕발이 괵주참군(虢州參軍)에 종사한 적이 있기 때문에 이렇게 말한 것이다.
- 청영(請纓) : 군대에 들어가서 나라의 은혜에 보답하다.
《한서(漢書)·종군전(終軍傳)》의 기록에 의하면, 한(漢) 무제(武帝)가 남월(南越, 지금의 광동과 광서 일대)의 왕을 귀순시키기 위해 종군(終軍)을 파견하려고 하는데, 종군이 무제(武帝)에게 긴 밧줄을 하사해주면 남월왕을 포박해서 황궁에 데려오겠다고 말하였다.
- 투필(投筆) : 붓을 버리다. 한(漢)나라 반초(班超)가 글을 쓰는 일을 버리고 서역(西域) 정벌을 떠나 오십 개가 넘는 나라를 정벌하여 정원후(定遠侯)에 봉해졌다.
- 종각(宗慤) : 남북조시대 송(宋)나라 사람. 젊었을 때 자신의 포부를 ""願乘長風破萬里浪"라고 밝혔는데, 나중에 전공을 세워 조양후(洮陽侯)에 봉해졌다.

- 잠홀(簪笏, zān hù) : 예복입은 관리. 곧 관직을 의미한다. '잠(簪)'은 관(冠)에 꽂는 비녀이고, '홀(笏)'은 조정에서 왕명을 기록하기 위한 수판(手板)이다.
- 사가지보수(謝家之寶樹) : 진(晉)나라 사안(謝安)의 조카인 사현(謝玄)을 말한다.

  《진서(晉書)·사현전(謝玄傳)》에 의하면, 사안(謝安)이 조카들에게 "爲什麼人們總希望自己的子弟好?"라고 묻자, 조카 사현(謝玄)이 "譬如芝蘭玉樹, 欲使其生於庭階耳."라고 답한 내용이 나온다.
- 맹씨지방린(孟氏之芳鄰) : 맹자(孟子)의 어머니가 좋은 이웃을 찾기 위해 세 번씩 이사를 갔던 고사. 여기서는 연회에 참석한 가빈(嘉賓)을 말한다.
- 추정(趨庭) : 종종걸음으로 뜰을 지나가다. 곧 부친이나 손윗사람의 가르침을 받는다는 의미이다.
- 도배이대(叨陪鯉對) : 공자(孔子)의 아들 공리(孔鯉)처럼 공손히 부모의 가르침을 받다. '도배(叨陪)'는 외람되이 받들다는 뜻이다. '이대(鯉對)'는 공자의 아들 리(鯉)가 부친의 가르침을 받는다는 뜻이다. 叨(외람될 도) 《논어(論語)·계씨(季氏)》에 나오는 고사이다.
- 봉몌(捧袂, pěng mèi) : 소매를 눈높이까지 받들고 예를 차리다. 여기서는 염공(閻公)을 알현했다는 의미이다. 袂(소몌 매)
- 용문(龍門) : 염공(閻公)의 접대를 받고 매우 기쁘다는 말이다. '용문(龍門)'은 산서(山西) 하진(河津) 서북쪽 황하유역에 있는 지명으로, 양쪽 언덕에 산이 있어 물살이 험한데 잉어가 이곳을 거슬러 올라가면 용이 되어 승천한다고 한다.
- 양의(楊意) : 한(漢)나라 무제(武帝)때 구감(狗監) 벼슬을 지낸 양득의(楊得意)를 말함. 양의(楊意)가 무제에게 사마상여(司馬相如)를 추천했다고 한다. '능운(凌雲)'은 사마상여가 지은 「대인부(大人賦)」를 말한다.
- 종기(鍾期) : 거문고를 연주한 백아(伯牙)의 지음(知音)인 종자기(鍾子期)를 말함.

嗚乎! 勝地不常, 盛筵難再. 蘭亭已矣, 梓澤丘墟. 臨別贈言, 幸承恩於偉餞. 登高作賦, 是所望於群公. 敢竭鄙懷, 恭疏短引. 一言均賦, 四韻俱成. 請灑潘江[19], 各傾陸海[20]云爾.

오호라! 명승지는 오래 보존되지 못하고, 성대한 연회는 두 번 만나기 어렵다네. 성대했던 난정(蘭亭)의 모임도 옛 자취가 되었고, 번화했던 금곡원(金谷園)도 폐허가 되고 말았네.

이별에 임하여 글을 짓게 된 것은 행운으로 성대한 잔치에 참가했기 때문이요, 높은 곳에 올라 부(賦)를 짓는 일은 여기 참석한 분들께 바라는 바네.

감히 심력을 기울여 공경하게 이 서문을 짓나니, 한 편의 부(賦)와 사운(四韻)의 짧은 시로 모두 마치노라.

청컨대 반악(潘岳)과 육기(陸機)처럼 마음껏 재능을 드러내어 좋은 시문을 쓰기 바라노라.

주해

- 난정(蘭亭) : 절강성(浙江省) 소흥(紹興) 서남쪽에 있는 정자. 동진(東晉)

---

19) 반악(潘岳, 247~300) : 서진(西晉)의 시인, 문인. 자는 안인(安仁)이다. 어려서부터 신동으로 문학적 재능이 뛰어났으나, 팔왕(八王)의 난(亂)이 일어났을 때 모함을 받아 살해당했다.

20) 육기(陸機, 261~303) : 서진(西晉)의 문인, 서예가. 자는 사형(士衡), 오군(吳郡: 蘇州) 사람이다.

의 명필인 왕희지(王羲之)가 당시 명사들을 초청하여 연회를 베풀고 시를 지었던 곳으로 유명하다.

- 재택(梓澤, zǐ zé) : 금곡원(金谷園)이 별칭. 서진(西晉)의 석숭(石崇)이 지은 별장으로 오늘날 하남(河南) 낙양(洛陽)의 서북쪽에 유지(遺趾)가 남아 있다.
- 등고작부(登高作賦) : 높은 곳에 올라 부(賦)를 짓다.
《한시외전(韓詩外傳)》권7에 "孔子曰 : '君子登高必賦.'"라고 하였다.
- 단인(短引) : 소서(小序)를 말함.
- 사운(四韻) : 네 구(句)에 압운한 여덟 구의 시(詩).
- 반강(潘江) : 서진(西晉)의 문인 반악(潘岳)의 재능이 강물과 같다는 말이다.
- 육해(陸海) : 서진(西晉)의 문인 육기(陸機)의 재능이 바다와 같다는 말이다.
남조(南朝) 양(梁)나라 종영(鍾嶸)의《시품(詩品)》에 "陸才如海, 潘才如江"이라는 말이 나온다.

滕王高閣臨江渚, 佩玉鳴鸞罷歌舞.
畫棟朝飛南浦雲, 珠簾暮卷西山雨.
閑雲潭影日悠悠, 物換星移幾度秋.
閣中帝子今何在? 檻外長江空自流.

등왕(滕王)의 높은 누각은 강가에 서 있는데
패옥과 명란 울리던 잔치도 모두 끝났구나

채색 기둥 위로 아침에는 남포의 구름이 날고
화려한 주렴 위로 저녁에는 서산의 안개비가 그치네

한가로운 구름은 연못에 그림자 드리우고 날마다 흘러가니
물환성이(物換星移) 가운데 얼마나 많은 세월이 흘렀던가?

누각을 세운 등왕(滕王)은 지금 어디 있는가?
난간 밖으로 장강만 도도히 흘러가네

주해

- 패옥(佩玉) : 사대부의 허리에 차는 옥(玉).
- 명란(鳴鑾) : 수레를 끄는 말의 고삐에 다는 방울.
- 물환성이(物換星移) : 경물(景物)도 변하고 별자리의 위치도 옮겨져 간다. 곧 시간의 변화를 의미한다.

10. 춘야연도리원서(春夜宴桃李園序)[21]

이백(李白)

夫天地者, 萬物之逆旅. 光陰者, 百代之過客. 而浮生若夢, 爲歡幾何? 古人秉燭夜遊, 良有以也. 況陽春召我以煙景, 大塊假我以文章. 會桃李之芳園, 序天倫之樂事. 羣季俊秀, 皆爲惠連. 吾人詠歌, 獨慚康樂. 幽賞未已, 高談轉清. 開瓊筵以坐花, 飛羽觴而醉月. 不有佳作, 何伸雅懷? 如詩不成, 罰依金谷酒數.

무릇 천지는 만물이 쉬어가는 객사(客舍)요, 광음(光陰)은 영원한 나그네이다. 덧없는 인생이 꿈과 같으니 기뻐할 일이 얼마나 되겠는가?

---

21) 이백(李白)이 당 현종 개원 21년(733년) 전후에 안륙(安陸)에서 쓴 것으로 추정되는 춘야연도리원서(春夜宴桃李園序)이다. 〈춘야연도리원서(春夜宴桃李園序)〉는 〈춘야연종제도화원서(春夜宴從弟桃花園序)〉라고도 하며 이백이 봄밤에 도리원에서 사촌 형제들을 초대하여 주연을 베풀고 각자 술을 마시고 시를 짓고서 그 시들의 서문을 쓴 것이다. 唐玄宗开元十五年(727年), 二十七岁的作者"仗剑去国, 辞亲远游"来到安陆。《春夜宴从弟桃花园序》约于开元二十一年(733年) 前后作于安陆, 作者与堂弟们在春夜宴饮赋诗, 并为之作此序文。

옛 사람이 밤에 촛불을 들고 노니는 것도 진실로 이유가 있도다.

하물며 따뜻한 봄날 아지랑이 낀 경치로 나를 부르고, 조물주가 나에게 시문(詩文)을 짓는 재주를 빌려주었음에랴.

복숭아꽃과 오얏꽃 향기가 가득한 정원에 모여 형제간에 즐거웠던 지난 일을 기술하노라. 여러 아우들은 재주가 뛰어나서 모두 송나라 사혜련(謝惠連)과 같은데, 내가 지은 시는 유독 강락후(康樂候)에 부끄럽구나.

그윽한 봄날의 감상과 흥취는 끝날 줄 모르고, 고상한 담론은 갈수록 청아(淸雅)해진다. 화려한 잔치 벌여 꽃밭에 앉아서, 술잔들이 오가며 달빛 아래 취하노라.

이렇게 좋은 봄밤에 아름다운 시를 짓지 않는다면 어떻게 고아(古雅)한 정취를 드러낼 수 있겠는가? 만약 시를 짓지 못한다면 금곡주수(金谷酒數)에 따라 벌주를 마셔야 하리라.

주해

- 도리원(桃李園) : 도화원(桃花園). 호북성(湖北省) 안륙시(安陸市) 백조산(白兆山)에 있는 도화암(桃花岩)으로 추정된다. 이백(李白)은 일찍이 이곳에서 십 년을 머물렀다.
- 역려(逆旅) : 객사(客舍). 나그네가 쉬어가는 곳. 逆(맞이할 역)
- 광음(光陰) : 세월. 시간.
- 백대(百代) : 긴 세월. 영원한 시간.
- 과객(過客) : 길손. 나그네. 이백(李白)의 〈의고십이수(擬古十二首)〉 중 제9수에 "살아 있는 사람은 지나는 나그네요, 죽은 사람은 돌아가는 나그네이다. 生者爲過客, 死者爲歸人."라는 표현이 있다.
- 부생(浮生) : 뜬구름처럼 덧없는 인생. 《장자(莊子)·각의편(刻意篇)》에

"其生若浮, 其死若休."라는 말이 나온다.

- 병촉야유(秉燭夜遊) : 촛불을 들고 밤에 노닐다. 《고시십구수(古詩十九首)》 중 제15수에 "晝短苦夜長, 何不秉燭遊."라는 표현이 나온다. 조비(曹丕)의 《여오질서(與吳質書)》에도 나온다. "少壯真當努力, 年一過往, 何可攀援. 古人思秉燭夜遊, 良有以也."
- 유이(有以) : 이유가 있다. '이(以)'는 이유 또는 도리(道理)의 뜻이다.
- 연경(煙景) : 봄날 아지랑이가 피어오르는 경치.
- 대괴(大塊) : 대지. 대자연. 조물주.
- 문장(文章) : 여기서는 아름다운 문채를 말한다. 옛날에는 청색과 적색이 서로 배합된 것을 '문(文)'이라 했고, 적색과 백색이 서로 배합된 것을 '장(章)'이라 했다.
- 서(序) : 서술하다. '서(敍)'와 같다.
- 천륜(天倫) : 부자(父子)나 형제 등의 친속관계. 여기서는 형제들을 말한다.
- 군계(群季) : 여러 동생들.
- 혜련(惠連) : 남조(南朝) 송(宋)나라의 시인 사혜련(謝惠連)을 말한다. 사령운(謝靈運)의 사촌동생이다.
- 강락(康樂) : 남조(南朝) 송(宋)나라의 산수시인 사령운(謝靈運)을 말한다. 강락공(康樂公)에 봉해졌으므로 '사강락(謝康樂)'이라 불렀다.
- 경연(瓊筵) : 화려한 잔치자리.
- 우상(羽觴 yǔ shāng) : 새 날개 모양으로 만든 술잔
- 아회(雅懷) : 고상한 뜻
- 금곡주수(金谷酒數) : 술자리에서 받는 벌주. 진(晉)나라의 석숭(石崇)이 금곡원(金谷園)에서 손님들을 초빙하여 연회를 베푸는데, 시를 짓지 못하면 벌주로 술 세말을 먹였다는 고사에서 유래한다. 《금곡시서(金谷詩序)》에 "遂各賦詩, 以敍中懷, 或不能者, 罰酒三斗."라는 말이 나온다.

11. 누실명(陋室銘)[22)]

유우석(劉禹錫)[23)]

山不在高, 有仙則名. 水不在深, 有龍則靈. 斯是陋室, 惟吾德馨. 苔痕上階綠, 草色入簾青. 談笑有鴻儒, 往來無白丁. 可以調素琴, 閱金經. 無絲竹之亂耳, 無案牘之勞形. 南陽諸葛廬, 西蜀子雲亭. 孔子云 : "何陋之有?"

산은 높지 않아도 신선(神仙)이 살면 유명해지고. 물은 깊지 않아도 용이 살면 신령스러워진다.

이곳은 비록 누추한 집이나, 누실명(陋室銘) 명문(銘文)의 품덕(品德)이 고상(高尙)하기 때문에 더 이상 누추하지 않다. 계단

22) 《누실명(陋室銘)》은 당대(唐代) 유우석(劉禹錫)이 탁물언지(托物言志)의 기법으로 쓴 변체명문(駢體銘文)이다. 유우석이 좌천되어 안휘성(安徽省) 통판(通判)으로 있을 때 거처하던 방의 이름을 누실(陋室)이라 했다. 《논어(論語)·자한(子罕)》에 "군자가 거주하니, 무슨 누추함이 있겠는가? 君子居之, 何陋之有?"라는 말이 나온다.

23) 유우석(劉禹錫, 772~842) : 당(唐)나라 시인, 정치가. 자는 몽득(夢得), 호는 여산인(廬山人), 하남성(河南城) 낙양(洛陽) 출신이다. 정원(貞元) 9년(793) 진사에 급제하여 감찰어사(監察御史)를 지냈다. 시문집으로《유몽득문집(劉夢得文集)》,《유빈객집(劉賓客集)》,《외집(外集)》 등이 있다.

을 덮은 이끼 자국이 푸른빛을 띠고, 풀빛은 주렴 안으로 푸르게 스며든다. 이곳에서 담소하는 자들은 모두 훌륭한 선비들이요, 내왕하는 자들 중에 식견이 천박한 자가 없다. 소박한 거문고를 연주하고 이금(泥金)으로 쓴 불경을 읽을 수도 있다. 관현악기 소리가 내 귀를 어지럽히지도 않고, 관청의 공문서가 내 육신을 힘들게 하지도 않는다.

그러니 남양(南陽) 제갈량(諸葛亮)의 초려(草廬)와 서촉(西蜀) 양자운(揚子雲)의 정자에 비할 만하다. 공자(孔子)께서 이르시기를 "군자가 거주하니 무슨 누추함이 있겠는가?"라고 하셨다.

주해

- 누실(陋室) : 누추한 집. 겸손의 표현으로 사용된다.
- 명(銘) : 고문체(古文體)의 하나. 주로 기물(器物)에 자신을 경계하거나 공덕을 기리는 내용을 새긴 글을 말한다.
- 유오덕형(惟吾德馨) : 누실명(陋室銘)의 명문(銘文) 때문에 누추하게 여기지 않는다는 뜻이다. '오(吾)'는 누실명의 명문(銘文)을 말한다. '형(馨)'은 품덕(品德)이 고상한 것이다. 《상서(尙書)·군진(君陳)》에 "黍稷非馨, 明德惟馨."이라는 말이 나온다.
- 태흔(苔痕) : 이끼 자국. 苔(이끼 태) 痕(자취 흔)
- 홍유(鴻儒) : 박학다식(博學多識)한 사람. '대유(大儒)' 또는 '거유(巨儒)'와 같다. 鴻(클 홍)
- 백정(白丁) : 평민. 식견이 부족한 사람.
- 조소금(調素琴) : 꾸밈이 없는 거문고를 타다. '소금(素琴)'은 장식을 하지 않은 소박한 거문고를 말한다.
- 금경(金經) : 이금(泥金)으로 쓴 불경.
- 사죽(絲竹) : 관악기(管樂器)와 현악기(絃樂器).
- 안독(案牘) : 관청의 서류나 훈령서(訓令書). 곧 공문서를 말한다.

- 노형(勞形) : 몸을 피로하게 하다.
- 남양제갈려(南陽諸葛廬) : 남양(南陽) 땅에 살았던 제갈량(諸葛亮)의 초려(草廬). 남양은 지금의 호북성 양양현 일대를 말한다.
- 서촉자운정(西蜀子雲亭) : 한(漢)나라 때 서촉(西蜀)에 있었던 양웅(揚雄)의 정자. 서촉(西蜀)은 지금의 사천성 일대를 말한다. 자운(子雲)은 양웅(揚雄)의 자(字)이다.
- 하루지유(何陋之有) : 무슨 누추함이 있겠는가? "有何之陋"의 뜻이다. 《논어(論語)·자한(子罕)》에 "君子居之, 何陋之有?"라고 하였다.

12. 사설(師說)[24]

한유(韓愈)

古之學者必有師. 師者, 所以傳道授業解惑也. 人非生而知之者, 孰能無惑? 惑而不從師, 其爲惑也, 終不解矣. 生乎吾前, 其聞道也固先乎吾, 吾從而師之; 生乎吾後, 其聞道也亦先乎吾, 吾從而師之. 吾師道也, 夫庸知其年之先後生於吾乎? 是故無貴無賤, 無長無小, 道之所存, 師之所存也.

옛날 학문을 구하는 사람에게는 반드시 스승이 있었다. 스승이란 도(道)를 전하고 학업을 전수하고 의혹을 풀어주는 사람이다. 사람은 태어나면서부터 도를 아는 자가 아니니, 누가 의혹이 없겠는가? 의혹이 있는데도 스승을 좇아 도를 배우지 않는다면, 그 의혹을 끝내 풀지 못할 것이다.

---

24) 《사설(師說)》은 당대(唐代) 한유(韓愈)가 정원(貞元) 17년(801)부터 18년(802) 사이, 장안(長安)에서 국자감(國子監) 사문박사(四門博士)로 있을 때 지은 의론문(議論文)이다. 작자는 이 글에서 종사구학(從師求學)의 도리를 역설하는 한편, 상사(相師)를 부끄러워하는 세태를 날카롭게 풍자하고 있다.

나보다 먼저 태어나서 그가 도를 깨친 것이 진실로 나보다 먼저이면, 나는 그를 좇아 스승으로 삼을 것이다. 나보다 나중에 태어나서 그가 도를 깨친 것이 또한 나보다 먼저이면, 나는 마찬가지로 그를 좇아 스승으로 삼을 것이다.

나는 도(道)를 스승으로 삼는 것이니, 어찌 그가 나보다 먼저 태어나고 나중에 태어났는지를 따지겠는가? 그러므로 신분이 귀하거나 천함도 없고, 나이가 많거나 적음도 없으니, 도가 있는 곳이 바로 스승이 있는 곳이다.

주해

- 학자(學者) : 배움을 구하는 사람.
- 전도(傳道) : 도를 전하다. 여기에서 '도(道)'는 유가(儒家)의 도를 말한다.
- 수업(受業) : 학업을 전수하다. '수(受)'는 '수(授)'와 통한다. '업(業)'은 경사자집(經史子集)의 학문내용과 고문사작(古文寫作)의 학습과정을 말한다.
- 생이지지(生而知之) : 태어나면서부터 도리를 이해하다. 곧 성인(聖人)을 의미한다. 《논어(論語)·계씨(季氏)》에 나온다. "生而知之者, 上也; 學而知之者, 次也; 困而學之, 又其次之; 困而不學, 民斯爲下矣."
- 용(庸) : 어찌. '기(豈)'와 같다. 庸(어찌 용)
- 무(無) : 막론하다. 따지지 않다. '무론(無論)'과 같다.

嗟乎! 師道之不傳也久矣! 欲人之無惑也難矣! 古之聖人, 其出人也遠矣, 猶且從師而問焉; 今之衆人, 其下聖人也亦遠矣, 而恥學於師. 是故

聖益聖, 愚益愚, 聖人之所以爲聖, 愚人之所以爲愚, 其皆出於此乎! 愛其子, 擇師而敎之; 於其身也, 則恥師焉, 惑矣. 彼童子之師, 授之書而習其句讀者, 非吾所謂傳其道解其惑者也. 句讀之不知, 惑之不解, 或師焉, 或不焉, 小學而大遺, 吾未見其明也. 巫醫′ 樂師′ 百工之人, 不恥相師. 士大夫之族, 曰師曰弟子云者, 則群聚而笑之. 問之, 則曰: "彼與彼年相若也, 道相似也. 位卑則足羞, 官盛則近諛." 嗚呼! 師道之不復可知矣. 巫醫樂師百工之人, 君子不齒, 今其智乃反不能及, 其可怪也歟!

오호라. 스승을 좇아 도를 공부하는 기풍이 사라진지 오래 되었으니, 사람들이 의혹을 없애려 해도 어렵도다.

옛 성인들은 그 보통사람보다 훨씬 더 뛰어났지만, 오히려 스승을 좇아 가르침을 청했다. 그러나 지금 사람들은 성인보다 훨씬 더 부족한데도 스승에게 배우는 것을 부끄러워한다. 그러므로 성인들은 더욱 성스러워지고 어리석은 사람은 더욱 어리석어진다. 성인이 성스러워지는 이유와 어리석은 자가 어리석게 되는 이유가 모두 여기에서 나온다.

사람들이 자신의 자식을 사랑하여 스승을 가려 가르치면서도,

자기 자신에 대해서는 스승에게 배우는 것을 부끄럽게 여기니 참으로 어리석도다. 저 동자의 스승은 아이들에게 글 읽는 것을 가르치고 구두점을 익히도록 하는 자이니, 내가 말하는 도(道)를 전하고 의혹을 풀어주는 자가 아니다. 구두점을 모르거나 의혹을 풀지 못하면, 혹은 스승에게 배우고 혹은 스승에게 배우지 않는다. 이는 작은 것을 배우면서도 큰 것은 버리는 것이니, 나는 그런 사람을 현명하다고 할 수 없다.

무의(巫醫), 악사(樂師), 백공(百工)들은 서로 배우는 것을 부끄러워하지 않는다. 그러나 사대부 족속들은 남들이 스승이나 제자라고 말하는 것을 듣게 되면 무리지어 비웃는다.

그들에게 비웃는 이유를 물으면 다음과 같이 대답한다. “저 사람과 저 사람은 서로 나이도 비슷하고 학문도 서로 비슷하다. 지위가 낮은 자를 스승으로 삼으면 부끄러운 일이고, 관직이 높은 자를 스승으로 삼으면 아첨에 가깝다.”

오호라! 스승을 좇아 도를 공부하는 기풍을 회복할 수 없음을 알 수 있도다. 무의(巫醫), 악사(樂師), 백공(百工)들을 군자들이 무시하지만, 지금 군자들의 지혜가 그들에게 미치지 못하니 참으로 괴이한 일이로다.

주해

- 사도(師道) : 스승을 좇아 학문을 구하는 전통. 곧 앞의 “古之學者必有師”를 의미한다.
- 출인(出人) : 보통 사람보다 뛰어나다.
- 유차(猶且) : 오히려. 또한 ‘상차(尚且)’와 같다.
- 하(下) : ~만 같지 못하다. ‘불여(不如)’와 같다.

- 어기신(於其身) : 그 자신에 대해서는. '신(身)'은 자신을 말한다.
- 혹의(惑矣) : 어리석다. 우둔하다.
- 구두(句讀 jù dòu) : '구(句)'는 문장의 뜻이 끊어지는 곳, '두(讀)'는 문장의 끊어 읽는 자리를 말한다. '단구(斷句)' 또는 '구두(句逗)'라고도 한다.
- 소학이대유(小學而大遺) : 작은 것[句讀之不知]은 배우고, 큰 것[惑之不解]은 버리다. '유(遺)'는 버린다는 뜻이다.
- 무의(巫醫) : 무당. 옛날에는 무(巫)와 의(醫)가 분리되지 않아서 나온 말이다.
- 족(族) : 부류. 족속.
- 근유(近諛) : 아첨에 가깝다. 諛(아첨할 유)
- 군자(君子) : 여기서는 '士大夫之族'을 말한다.
- 불치(不齒) : 무시하다. 비천하게 여기다. 일설에는 '비지(鄙之)'로 되어 있다.
- 내(乃) : 마침내. 결국.

聖人無常師, 孔子師郯子' 萇弘' 師襄' 老聃. 郯子之徒, 其賢不及孔子. 孔子曰: "三人行, 則必有我師." 是故弟子不必不如師, 師不必賢於弟子, 聞道有先後, 術業有專攻, 如是而已.

성인에게는 일정한 스승이 없다. 공자(孔子)는 담자(郯子)·장홍(萇弘)·사양(師襄)·노담(老聃) 등을 스승으로 삼았으나, 그들의 현명함은 공자에 미치지 못한다.

공자가 말하였다. "몇 사람이 함께 길을 가다보면, 그 중에는 반드시 내가 스승으로 삼을 만한 사람이 있다." 그러므로 제자는 반드시 스승보다 못한 것이 아니고, 스승은 반드시 제자보다 현명한 것은 아니다. 도(道)를 배우는데 선후(先後)가 있고, 술업(術業)에 전공이 있는 것이 이와 같을 뿐이다.

주해

- 상사(常師) : 고정된 스승. '상(常)'은 '고정(固定)'의 뜻이다.
- 담자(郯子 tán zǐ) : 춘추시대 담(郯)나라[지금의 산동성(山東省) 담성현(郯城縣)]의 인군(人君). 공자가 일찍이 담자(郯子)에게 관직에 대해 물었다고 전한다.
- 장홍(萇弘 cháng hóng) : 동주(東周) 경왕(敬王) 때의 대부. 공자가 일찍이 장홍(萇弘)에게 고악(古樂)에 대해 물었다고 전한다.
- 사양(師襄) : 춘추시대 노(魯)나라의 악관(樂官). 공자가 일찍이 사양(師襄)에게 거문고를 배웠다고 전한다.
- 노담(老聃 lǎo dān) : 노자(老子). 성은 이(李), 이름은 이(耳), 자는 담(聃)이다. 춘추시대 초(楚)나라 사람이다. 공자가 일찍이 노자(老子)에게 주례(周禮)를 배웠다고 전한다.
- 三人行, 則必有我師 : 몇 사람이 함께 가다보면 그중에는 반드시 내가 스승으로 삼을 만한 사람이 있다. '삼(三)'은 개략적이고 불확실한 숫자를 말한다. 《논어(論語)·술이(述而)》에 나온다.
  "子曰 : '三人行, 必有我師焉. 擇其善者而從之, 其不善者而改之.'"
- 불필(不必) : 반드시 ~한 것은 아니다.
- 술업(術業) : 학술(學術)과 기예(技藝). 학업(學業).

李氏子蟠, 年十七, 好古文, 六藝經傳皆通習之, 不拘於時, 學於余. 余嘉其能行古道, 作師說以貽之.

이씨 집안의 아들 반(蟠)은 나이가 17세인데, 고문(古文)을 좋아하여 육경(六經)의 경문(經文)과 전문(傳文)을 모두 익혔다. 그러나 스승을 좇아 배우기를 부끄러워하는 시속(時俗)에 구애받지 않고 나에게 도를 배웠다. 나는 그가 옛 도를 행할 수 있음을 가상히 여겨, 이 《사설(師說)》을 지어 주노라.

주해

- 이씨자반(李氏子蟠) : 이씨 집안의 아들 반(蟠). 이반(李蟠)은 한유(韓愈)의 제자로, 당덕종(唐德宗) 정원 19년(803) 진사(進士)에 급제했다.
- 육예경전(六藝經傳) : 육예(六藝)의 경문(經文)과 전문(傳文). '육예(六藝)'는 육경(六經)을 말한다.
- 이(貽 yí) : 보내다. 증여하다.

13. 포사자설(捕蛇者說)[25]

유종원(柳宗元)[26]

永州之野産異蛇, 黑質而白章, 觸草木盡死, 以齧人, 無禦之者. 然得而腊之以爲餌, 可以已大風′ 攣踠′ 瘻′ 癘, 去死肌, 殺三蟲. 其始太醫以王命聚之, 歲賦其二; 募有能捕之者, 當其租入. 永之人爭奔走焉.

영주(永州)의 들녘에 기이한 뱀이 나오는데, 검은 바탕에 흰 무늬가 있다. 이 뱀이 초목에 닿으면 모두 말라 죽고, 사람을 물면 뱀독을 막을 방법이 없다. 그러나 이 뱀을 잡은 후에 말려서 약으로 쓰면 문둥병, 손발이 오그라드는 병, 목이 붓는 병, 악성 종기 등을 치료할 수 있고, 썩은 살을 제거하며, 몸 안의 기생충을 죽일 수 있다.

---

25) 《포사자설(捕蛇者說)》은 유종원(柳宗元)의 유명한 산문작품으로, 독사의 맹독과 가렴주구(苛斂誅求)의 독을 연관시켜 당시 만연했던 부세(賦稅)의 해악을 날카롭게 고발하고 있다.

26) 유종원(柳宗元, 773~819) : 당(唐)나라 때 시인, 문장가, 정치가. 한유(韓愈)와 함께 고문운동(古文運動)을 주장하였고, 당송팔대가(唐宋八大家) 중의 한사람이다. 대표작으로 〈계거(溪居)〉, 〈강설(江雪)〉, 〈어옹(漁翁)〉 등이 있다. 저서로 《하동선생집(河東先生集)》이 있다.

처음에는 태의(太醫)가 왕명으로 이 뱀을 모아서 매년 두 번 징수하였다. 이 뱀을 잡을 수 있는 사람들을 모집하여 그들의 조세로 충당하였다. 그러자 영주 사람들이 다투어 뱀을 잡으러 다녔다.

주해

- 영주(永州) : 지명. 지금의 호남성(湖南省) 영릉현(零陵縣)에 해당한다.
- 흑질이백장(黑质而白章) : 검은 바탕에 흰 무늬. 여기서는 뱀의 몸을 말한다.
- 설(齧 niè) : 물다. '설(囓)'과 같다. 齧(물 설)
- 석(腊) : 말린 포. 건어(乾魚). 건육(乾肉). 여기서는 뱀을 그늘에 말린 것을 말한다.
- 이(餌 ěr) : 약이(藥餌). 餌(약 이)
- 대풍(大風) : 문둥병,
- 연원(攣踠 luán wǎn) : 손발이 오그라드는 병, 攣(걸릴 연) 踠(구부릴 원)
- 누여(瘻癘 lòu lì) : 목이 붓는 병과 악성 종기. 瘻(부스럼 루) 癘(창질 려)
- 삼충(三蟲) : 몸 안의 여러 가지 기생충.
- 당기조입(当其租入) : 그 사람의 조세로 충당하다. '당(當)'은 충당하다, 간주하다는 뜻이다.

有蔣氏者, 專其利三世矣. 問之, 則曰: "吾祖死於是, 吾父死於是, 今吾嗣爲之十二年, 幾死者數矣." 言之, 貌若甚戚者.

余悲之, 且曰: “若毒之乎? 余將告於莅事者, 更若役, 復若賦, 則何如?”

장씨(蔣氏)라는 사람이 있는데, 그 이익을 누린 지가 삼 대가 되었다. 내가 그 일에 대해 묻자 대답했다.

“제 할아버지도 이 일 때문에 돌아가셨고, 제 아버지도 이 일 때문에 돌아가셨습니다. 지금 제가 이 일을 이어받은 지 십이 년이 되었는데, 거의 죽을 뻔 한 적이 여러 번입니다.”

그가 이 말을 하는데 모습이 매우 슬퍼보였다.

내가 그를 불쌍히 여겨 다시 말하였다.

“그대는 이 일을 원망하는가? 내가 장차 이 일을 맡은 관리에게 말해서, 그대의 노역을 변경해서 그대의 부세(賦稅)를 회복시켜주면 어떻겠는가?”

주해

- 전기리(專其利) : 그 이익을 독점하다. 곧 뱀을 잡아서 세금을 납부하지 않는 것을 말한다. ‘전(專)’은 독점하다, 누린다는 뜻이다.
- 사(嗣 sì) : 계승하다, 이어받다.
- 삭(數 shuò) : 자주. 여러 차례. 數(자주 삭)
- 약(若) : 너. 그대.
- 이사(莅事) : 일을 담당하다. 정사(政事)를 맡다. 莅(임할 리)

蔣氏大戚, 汪然出涕曰: “君將哀而生之乎? 則吾斯役之不幸, 未若復吾賦不幸之甚也. 嚮吾不爲斯役, 則久已病矣. 自吾氏三世居是鄕, 積於今六十歲矣. 而鄕鄰之生日蹙, 殫其地之出, 竭其廬之入. 號呼而轉徙, 餓渴而頓踣. 觸風雨, 犯寒暑, 呼噓毒癘, 往往而死者, 相藉也. 曩與吾祖居者, 今其室十無一焉. 與吾父居者, 今其室十無二三焉. 與吾居十二年者, 今其室十無四五焉. 非死卽徙爾, 而吾以捕蛇獨存. 悍吏之來吾鄕, 叫囂乎東西, 隳突乎南北, 譁然而駭者, 雖雞狗不得寧焉. 吾恂恂而起, 視其缶, 而吾蛇尙存, 則弛然而臥. 謹食之, 時而獻焉. 退而甘食其土之有, 以盡吾齒. 蓋一歲之犯死者二焉, 其餘則熙熙而樂, 豈若吾鄕鄰之旦旦有是哉. 今雖死乎此, 比吾鄕鄰之死則已後矣, 又安敢毒耶?”

장씨가 이 말을 듣고 더욱 슬퍼하면서 두 눈 가득 눈물을 흘리며 말하였다.

“선생께서는 저를 불쌍히 여겨 살리시려는 것입니까? 그렇지만 제가 이 일을 하는 불행은 저의 부세(賦稅)를 원래대로 회복시키는 불행만큼 심하지 않습니다. 예전부터 제가 이 일을 해오지 않았다면, 저는 오래전에 이미 생활이 곤고(困苦)했을 것입니다.

저희 집안 삼대가 이 고을에 살게 된 후로 지금까지 육십 년이 되었습니다. 그런데 마을 사람들의 생활은 날로 어려워져서, 그 땅에서 생산된 것은 다 가져가버렸고, 그 집안의 수입도 다 거두어 가버렸습니다. 하는 수 없이 큰 소리로 울부짖으며 이리저리 떠돌다가, 굶주리고 목말라서 길바닥에 쓰러졌습니다. 노상에서 비바람을 맞고 추위와 더위를 무릅쓰며, 독이 있는 전염병을 들이마시고 왕왕 죽어가는 사람들이 서로 깔릴 정도로 많습니다.

옛날 제 할아버지와 같이 살던 사람은 지금은 열 집 가운데 한 집도 남아 있지 않습니다. 제 아버지와 함께 살던 사람은 지금은 열 집 가운데 한두 집도 남아 있지 않습니다. 저와 함께 십이 년을 살던 사람은 지금은 열 집 가운데 네다섯 집도 남아 있지 않습니다. 그들은 죽지 않으면 이사를 갔는데, 저는 뱀을 잡는 일 때문에 홀로 살아남은 것입니다.

그러다가 사나운 관리가 우리 마을에 오면, 동쪽과 서쪽에서 큰 소리로 떠들어대고, 남쪽과 북쪽에서 마구 소란을 피웁니다. 그렇게 떠들어대고 소란을 피우면, 비록 닭이나 개라도 편할 수가 없습니다.

그러면 저는 조심스럽게 일어나 그 항아리를 살펴보고 제가 잡은 뱀이 그대로 있으면 안심하고 다시 자리에 눕습니다. 저는 조심스레 이 뱀을 기르다가 때가 되면 바칩니다. 그리고 집에 돌아와 제 땅에서 생산된 것들을 맛있게 먹으며 제 목숨을 부지하고 있습니다.

대개 일 년에 한두 번 죽을 고비를 넘기면, 그 나머지 시간은 즐겁게 지낼 수 있으니, 어찌 제 이웃들이 날마다 위험에 처해 있는 것과 같겠습니까? 이제 비록 제가 이 일 때문에 죽더라도, 그것은 제 이웃사람들이 죽는 것보다 뒤가 될 것이니, 또한 어찌 감히 원망을 하겠습니까?"

주해

- 왕연(汪然) : 두 눈에 눈물을 가득 머금은 모습.
- 향(嚮) : 종전에, 예전부터.
- 구이병의(久已病矣) : 이미 오래전부터 생활이 곤고(困苦)해서 견디기 힘들다. '구이(久已)'는 '오래전부터'의 뜻이다. '병(病)'은 곤고(困苦)해서 견디기 힘들다는 뜻이다.
- 일척(日蹙) : 나날이 힘들어지다. 날로 궁핍해지다. 蹙(오그라들 축)
- 탄(殫 dān) : 다하다.
- 돈북(頓踣 dùn bó) : 땅에 쓰러지다. 踣(넘어질 북)
- 호허(呼噓) : 호흡하다, 들이마시다.
- 낭(曩 nǎng) : 옛날. 이전.
- 한리(悍吏) : 가혹한 관리
- 규효(叫囂 jiào xiāo) : 큰 소리로 떠들어대다. 囂(시끄러울 효)
- 휴돌(隳突 huī tū) : 소란을 피우다. 隳(무너질 휴)
- 화연(譁然 huā rán) : 시끄럽게 떠드는 모양.
- 순순(恂恂 xún xún) : 조심하고 삼가는 모양.
- 이연(弛然) : 안심하는 모양. 弛(늦출 이)
- 사지(食之 sì zhī) : 뱀을 기르다. 食(먹일 사)
- 희희(熙熙) : 즐거운 모습.

余聞而愈悲. 孔子曰: "苛政猛於虎也." 吾嘗疑乎是, 今以蔣氏觀之, 猶信. 嗚呼! 孰知賦斂之毒, 有甚是蛇者乎! 故爲之說, 以俟夫觀人風者得焉.

나는 그 말을 듣고 더욱 슬퍼졌다. 공자(孔子)가 말하기를 "가혹한 정치는 호랑이보다 무섭다"라고 하였다. 나는 일찍이 이 말을 의심하였는데, 지금 장씨의 말로써 살피건대 더욱 믿음이 간다.

오호라! 부세(賦稅)를 징수하는 해독이 이 뱀보다 심하다는 것을 누가 알겠는가! 그러므로 이 글을 지어 민정(民情)을 살피는 관리들이 이 점을 알 수 있기를 기대한다.

주해

- 가정맹어호야(苛政猛於虎也) : 가혹한 통치가 호랑이보다 무섭다. 《예기(禮記)·단궁(檀弓)》에 나온다.
- 부렴(賦斂) : 세금을 부과하다. 세금을 징수하다.
- 사(俟 sì) : 기다리다. 俟(기다릴 사)

14. 악양루기(岳陽樓記)[27]

범중엄(范仲淹)[28]

慶曆四年春, 滕子京謫守巴陵郡. 越明年, 政通人和, 百廢具興. 乃重修岳陽樓, 增其舊制, 刻唐賢今人詩賦於其上, 屬予作文以記之.

인종(仁宗) 경력(慶曆) 사년(四年, 1044) 봄, 등자경(滕子京)이 파릉군(巴陵郡)의 수령으로 좌천되었다. 2년 후 정사(政事)가 잘 다스려지고 민심이 화합하여 온갖 폐지되었던 사업(事業)들이 모두 복구되었다.

이에 악양루(岳陽樓)를 중수(重修)하되 옛 모습보다 규모를 확대했으며, 그 위에 당대(唐代)와 당대(當代) 명인(名人)들의 시부(詩賦)를 새긴 후, 나에게 글을 지어 이 일을 기록해달라고 부

---

27) 「악양루기(岳陽樓記)」는 북송(北宋) 인종(仁宗) 경력(慶曆) 4년(1044년)에 범중엄(范仲淹)의 친구인 등자경(滕子京)이 파릉군(巴陵郡) 태수로 좌천되어 부임하였는데, 2년 뒤인 1046년에 악양루(岳陽樓)를 중수(重修)한 후 범중엄에게 기문(記文)을 부탁하였고, 범중엄이 이에 짓게 된 글이다.

28) 범중엄(范仲淹, 989~1052) : 북송의 정치가, 시인, 문장가. 강소성 소주(蘇州) 출신으로 자는 희문(希文), 시호는 문정(文正)이다. 저서로 《범문정공시문집(范文正公詩文集)》(20권)이 있다.

탁하였다.

주해

- 경력(慶曆) 4년(四年) : '경력(慶曆)'은 북송(北宋) 인종(仁宗)의 연호(1041~1048)이며, 경력 4년은 1044년에 해당한다.
- 등자경(滕子京) : 범중엄과 동년에 진사(進士)가 된 등종량(滕宗諒)으로 자가 자경(子京)이다. 당시에 악주(岳州) 파릉현(巴陵縣)의 태수로 좌천되었다.
- 적수(謫守) : 조정의 벼슬아치가 지방이나 변방의 수령으로 좌천되다.
- 월명년(越明年) : 이듬해 또는 2년 후. 여기에는 두 가지 설이 있는데, 하나는 경력(慶曆) 5년(1045)이고, 다른 하나는 경력(慶曆) 6년(1046)이다.
- 당현(唐賢) : 당조(唐朝)의 두 시인인 맹호연(孟浩然)과 두보(杜甫)를 말한다. 두 사람은 각각 악양루(岳陽樓)와 동정호(洞庭湖)를 소재로 오언율시(五言律詩)를 남겼다.
- 촉여(属予) : 나에게 부탁하다. '촉(屬, zhǔ)'은 '촉(囑)'과 통한다. 囑(부탁할 촉).

予觀夫巴陵勝狀, 在洞庭一湖. 銜遠山, 呑長江, 浩浩湯湯, 橫無際涯. 朝暉夕陰, 氣象萬千. 此則岳陽樓之大觀也, 前人之述備矣. 然則北通巫峽, 南極瀟湘, 遷客騷人, 多會於此, 覽物之情, 得無異乎?

내가 보건대 파릉군(巴陵郡)의 훌륭한 경치는 동정호(洞庭湖)

하나에 달려 있다. 먼 산들을 머금고 장강의 물줄기를 삼켜 물결이 넘실거리고 광활하게 끝이 없다. 이른 아침에 햇살이 비추고 해질 무렵에 그늘이 드리워져 경물의 변화가 무궁무진하다. 이것이 바로 악양루(岳陽樓)의 뛰어난 경관이니, 옛사람들이 모두 자세히 기술한 것이다.

그러므로 북쪽으로 무협(巫峽)과 통하고 남쪽으로 소수(瀟水)와 상수(湘水)까지 이어졌고, 좌천된 사람들과 시인들이 대부분 이곳으로 모여들었으니, 이곳의 경물(景物)을 보고 일어나는 감정에 어찌 다른 점이 없겠는가?

주해

- 파릉(巴陵) : 지금의 호남성(湖南省) 악양현(岳陽縣) 지역이다. 현(縣)의 서남쪽에 파릉산이 있고 동정호(洞庭湖)가 가까이 있다.
- 함원산(銜遠山) : 동정호에는 크고 작은 산들이 많은데 그 중에서 악양루를 정면으로 보고 있는 군산(君山)이 가장 아름답다.
- 탄장강(呑長江) : 동정호가 장강(長江)에 닿은 모양이 마치 강물을 삼키는 것 같은 모양을 나타낸 것이다.
- 소상(瀟湘) : 호남(湖南)의 소수(瀟水)와 상수(湘水) 두 강을 말하는데, 소수(瀟水)는 상수(湘水)의 지류이다. 상수(湘水)는 북쪽으로 흘러 동정호로 들어간다.
- 천객소인(遷客騷人) : 좌천되어 멀리 변방으로 쫓겨난 관리와 시인. '소인(騷人)'은 소객(騷客)이나 시인을 말하는데, 굴원(屈原)의 「이소(離騷)」에서 나온 말이다.

若夫霪雨霏霏, 連月不開, 陰風怒號, 濁浪排空. 日星隱耀, 山岳潛形. 商旅不行, 檣傾楫摧. 薄暮冥冥, 虎嘯猿啼. 登斯樓也, 則有去國懷鄕, 憂讒畏譏, 滿目蕭然, 感極而悲者矣.

어떤 때는 장맛비가 계속 내려 몇 달 동안 개이지 않고, 음산한 바람이 세차게 불어와 혼탁한 물결이 허공에 치솟는다. 해와 별이 빛을 감추고 산악이 모습을 감추며, 상인들과 나그네가 다닐 수가 없고 돛대가 기울고 노가 부러진다. 해질 무렵 날이 어두워지면 호랑이가 울부짖고 원숭이가 울어댄다.

이 때 누대에 오르면 도성을 떠나 고향을 그리워하며, 참소를 근심하고 비난을 두려워하며, 눈에 보이는 모든 것들이 쓸쓸하고 감정이 복받쳐서 슬퍼하는 사람이 있을 것이다.

주해

- 음우(霪雨) : 장맛비. 霪(장마 음, yín)
- 비비(霏霏) : 비나 눈이 끊임없이 내리는 모양.
- 장경즙최(檣傾楫摧) : 배의 돛대가 기울고 노가 부러지다.
  檣(돛대 장, qiáng) 楫(노 즙, jí)
- 거국(去國) : 도성을 떠나다.
- 만목소연(滿目蕭然) : 눈에 보이는 모든 것이 쓸쓸함.

至若春和景明, 波瀾不驚, 上下天光, 一碧萬頃. 沙鷗翔集, 錦鱗游泳, 岸芷汀蘭, 郁郁青青. 而或長煙一空, 皓月千里, 浮光躍金, 靜影沉璧, 漁歌互答, 此樂何極. 登斯樓也, 則有心曠神怡, 寵辱皆忘, 把酒臨風, 其喜洋洋者矣.

봄날 화창하고 햇살이 따뜻하게 비칠 때, 호수의 물결은 잔잔하고 하늘빛과 호수물이 맞닿아 푸른빛이 끝없이 펼쳐진다. 모래섬의 갈매기들이 날아들고, 예쁜 물고기들이 헤엄치며 논다. 언덕의 지초(芝草)와 물가의 난초는 향기롭고 푸르다.

때로는 자욱한 안개가 완전히 걷히고, 새하얀 달빛이 천리를 비춘다. 때로는 물결 위에 떠다니는 달빛이 금빛으로 빛나고, 고요한 달그림자는 물에 잠긴 옥구슬과 같다. 어부들의 노래 소리 서로 화답하니 이런 즐거움을 어찌 다하겠는가?

이 때 누대에 오르면 가슴이 탁 트이고 마음이 유쾌하며, 영예와 치욕을 모두 잊고 바람 앞에 술잔을 들면서 그 즐거움이 넘쳐나는 사람이 있을 것이다.

주해

- 상하천광(上下天光) : 하늘빛과 동정호의 물결이 맞닿아 서로 이어지다.
- 일벽만경(一碧萬頃) : 푸른빛이 한없이 넓게 펼쳐지다.
- 금린(錦鱗) : 아름다운 물고기.
- 정(汀) : 물가. 모래섬.

• 욱욱청청(郁郁青青) : 향기가 진하고 초목이 무성한 모양.
• 일공(一空) : 완전히 없어지다. '일(一)'은 '전(全)'과 같다. '공(空)'은 '소산(消散)'의 뜻이다.
• 총욕(寵辱) : 영예와 치욕.

嗟夫. 予嘗求古仁人之心, 或異二者之爲, 何哉? 不以物喜, 不以己悲, 居廟堂之高, 則憂其民. 處江湖之遠, 則憂其君. 是進亦憂, 退亦憂. 然則何時而樂耶? 其必曰: "先天下之憂而憂, 後天下之樂而樂歟?" 噫. 微斯人, 吾誰與歸? 時六年九月十五日.

오호라. 내 일찍이 옛 성현의 마음을 구하건대, 혹 이 두 가지 마음이 다른 것은 무엇 때문인가? 그것은 외물(外物)과 자신의 득실 때문에 기뻐하거나 슬퍼하지 않기 때문이다. 조정의 높은 자리에 있으면 그 백성들을 걱정하고, 강호(江湖)의 먼 곳에 있으면 그 군왕을 근심하니, 이는 벼슬에 나아가도 근심이요 물러나도 근심인 것이다.

그렇다면 어느 때나 즐거워할 수 있겠는가? 그들은 반드시 "천하 사람들이 근심하기 전에 먼저 근심하고, 천하 사람들이 즐거워한 후에 나중에 즐거워하리라!"라고 말할 것이다. 아! 이런 사람들이 없다면 나는 누구와 더불어 돌아갈 것인가?

때는 경력 6년(1046년) 9월 15일이라.

주해

- 차부(嗟夫) : 아아. 슬프다.
- 이자(二者) : 두 가지 마음. 곧 '비(悲)'와 '희(喜)'를 말함.
- 인인(仁人) : 품덕(品德)이 고상한 사람.
- 묘당(廟堂) : 조정(朝廷)
- 미사인(微斯人) : 이런 사람이 없다면. '미(微)'는 없다는 뜻이다.
- 오수여귀(吾誰與歸) : 나는 누구와 함께 돌아갈 것인가? '吾與誰歸'의 도치형이다. '귀(歸)'는 '귀의(歸依)'의 뜻이다.

15. 취옹정기(醉翁亭記)[29]

구양수(歐陽修)[30]

環滁皆山也. 其西南諸峰, 林壑尤美. 望之蔚然而深秀者, 琅琊也. 山行六七里, 漸聞水聲潺潺而瀉出於兩峰之間者, 釀泉也. 峰回路轉, 有亭翼然臨於泉上者, 醉翁亭也.

---

29) 취옹정(醉翁亭) : 안휘성(安徽省) 저주시(滁州市) 서남쪽 낭야(琅琊山) 기슭에 있는 정자 이름. 북송 경력(慶曆) 7년(1047)에 세워졌는데, 당송팔대가 중의 한 명인 구양수(歐陽修)가 정자 이름을 지었다. 송(宋) 인종(仁宗) 경력(慶曆) 5년(1045), 참지정사(參知政事) 범중엄(范仲淹) 등이 참소를 받아 관직을 박탈당하자 구양수(歐陽修)가 상소를 올려 그들을 변론했다가 저주지주(滁州知州)로 폄직(貶職)되었는데, 「취옹정기(醉翁亭記)」는 이 때 지은 것이다. 구양수(歐陽脩)는 취옹정에서 유락(遊樂)하며 글을 지었는데, 자신을 '취옹(醉翁)'이라 부르고 그 정자를 '취옹정(醉翁亭)'이라고 불렀으며, 취옹정에서 노니는 즐거움을 쓴 것이 「취옹정기(醉翁亭記)」이다.

30) 구양수(歐陽修, 1007~1072) : 북송(北宋) 문장가(文章家), 정치가(政治家). 자는 영숙(永叔), 호는 취옹(醉翁), 만호(晩號)는 육일거사(六一居士)이다. 여릉(廬陵: 지금의 江西 吉安)인이다. 천성(天聖) 8년(1030) 진사에 합격하여 지제고(知制誥)·한림학사(翰林學士)를 거쳐 추밀부사(樞密副使)·참지정사(參知政事)·병부상서(兵部尙書)·태자소사(太子少師) 등을 지냈다. 시호는 문충(文忠)이다. 정치적으로 범중엄(范仲淹) 등의 혁신주장을 지지했고, 문학적으로 명도(明道)와 치용(致用)을 주장하여 북송고문운동의 중심인물이 되었다. 저서로《구양문충집(歐陽文忠集)》이 있다.

저주(滁州)의 사면은 모두 산으로 둘러싸여 있다. 그 서남쪽의 봉우리들은 숲과 계곡이 특히 아름답다. 멀리서 바라보면 숲이 울창하고 유심수려(幽深秀麗)한 것이 바로 낭야산(琅琊山)이다.

산길을 따라 육 칠 리 쯤 걸어가면 졸졸 흐르는 물소리가 들려오고, 두 봉우리 사이에서 계곡물이 쏟아져 나오니 바로 양천(釀泉)이다.

산봉우리를 돌아 굽은 길을 가다 보면 새가 양 날개를 활짝 펼친 듯이 양천(釀泉) 옆에 서 있는 것이 바로 취옹정(醉翁亭)이다.

주해

- 저(滁 chú) : 저주(滁州). 지금의 안휘성(安徽省) 동부.
- 임학(林壑) : 숲과 산골짜기.
- 울연(蔚然) : 초목이 무성(茂盛)한 모양.
- 산행(山行) : 산길을 따라 걷다.
  '산(山)'은 '산길을 따르다'는 뜻이다.
- 잔잔(潺潺, chán chán) : 물이 흐르는 소리.
- 양천(釀泉) : '파리천(玻璃泉)'이라고도 한다.
- 익연(翼然) : 새가 양 날개를 활짝 펼친 모습.

作亭者誰? 山之僧智仙也. 名之者誰? 太守自謂也. 太守與客來飮於此, 飮少輒醉, 而年又最高, 故自號曰醉翁也. 醉翁之意不在酒, 在乎山水之間也. 山水之樂, 得之心而寓之酒也.

정자를 지은 사람은 누구인가? 이 산 송에 사는 승려 지선(智仙)이다. 정자의 이름을 지은 이는 누구인가? 태수가 자신의 별호(別號)를 따서 부른 것이다.

태수는 빈객들과 함께 이곳에 와서 음주를 하였는데, 조금만 마셔도 금새 취하고, 또 나이도 제일 많았기 때문에 자신의 호를 취옹(醉翁)이라 불렀다.

취옹의 뜻은 술에 있는 것이 아니고 산수 간에 있다. 산수 간에서 노니는 즐거움을 마음으로 얻어 술에 기탁할 뿐이었다.

주해

- 태수(太守) : 구양수(歐陽修) 자신을 말한다.
- 자위(自謂) : 자칭하다. 자신의 별호(號)를 따라 부르다.
- 첩(輒 zhé) : 곧. 언제나.
- 왈(曰) : ~라고 부르다.
- 의(意) : 여기서는 정취(情趣)의 뜻이다.
- 득(得) : 깨닫다. 체득하다. '영회(領會)'의 뜻이다.
- 기(寓) : 기탁(寄託)하다.

若夫日出而林霏開, 雲歸而岩穴暝, 晦明變化者, 山間之朝暮也. 野芳發而幽香, 佳木秀而繁陰, 風霜高潔, 水落而石出者, 山間之四時也. 朝而往, 暮而歸, 四時之景不同, 而樂亦無窮也.

해가 떠오르자 숲속의 안개가 걷히고, 구름이 돌아오자 산골짜기 바위동굴이 어두워지니, 이는 밝고 어두움이 교체하는 변화요, 산중의 아침과 저녁의 경치이다.

들꽃이 피어 향기가 그윽하고, 아름다운 수목이 빼어나 그늘이 무성하며, 가을바람 거세게 불고 서리가 새하얗게 내리며, 흐르는 물이 줄어들어 바위들이 드러나니, 이는 산중의 사계절 경치이다.

아침에는 산에 오르고 저녁이 되면 산에서 되돌아오니, 사계절의 경치가 모두 같지 않고 그 즐거움도 끝이 없다.

주해

- 약부(若夫) : ~의 경우에는. '지우(至于)'와 같다.
- 임비(林霏) : 숲속의 안개.
- 개(開) : 없어지다. 흩어지다.
- 회명(晦明) : 어둠과 밝음. 晦(어두울 회)
- 번음(繁陰) : 무성한 나무그늘. '음(陰)'은 '음(蔭)'과 통한다.
- 고결(高潔) : 바람이 거세고 서리가 새하얗다.

至於負者歌於途, 行者休於樹, 前者呼, 後者應, 傴僂提攜, 往來而不絕者, 滁人遊也. 臨溪而漁, 溪深而魚肥. 釀泉爲酒, 泉香而酒洌. 山肴野蔌, 雜然而前陳者, 太守宴也. 宴酣之樂, 非絲非竹,射者中, 弈者勝, 觥籌交錯, 起坐而喧嘩者, 衆賓歡也. 蒼顔白髮, 頹然乎其間者, 太守醉也.

짐을 지고 가는 사람은 노상에서 노래 부르고 길을 가던 사람은 나무 밑에서 쉬며, 앞서가는 사람이 소리쳐 부르면 뒤따르던 사람이 호응하며, 노인들은 허리를 구부리고 아이들은 어른들의 손을 잡고 가며, 길을 오가는 사람들의 행렬이 끝이 없으니, 이는 바로 저주(滁州) 사람들이 놀러 나온 것이다.

계곡에서 물고기를 잡으니 물이 깊어 물고기가 살이 쪘다. 양천(釀泉)으로 술을 빚으니 물이 좋아 술맛이 맑고 진하다. 산짐승 요리와 산나물 요리가 함께 면전에 차려졌으니, 이는 바로 태수가 베푼 연회이다.

주연(酒宴)에서의 즐거움은 현악기와 관악기가 필요 없다. 투호놀이를 하는 자가 이기거나 바둑을 두는 자가 이기면 벌주로 마시는 술잔과 산가지가 어지럽게 뒤섞이고, 일어나거나 앉으면서 시끌벅적하니, 이는 바로 여러 빈객들이 즐거워하는 모습이다.

백발에 늙고 야윈 얼굴로 무리 중에 술 취한 자가 있으니, 이는 바로 태수가 취한 것이다.

주해

- 구루(傴僂 yǔ lǚ) : 허리가 굽은 모습. 여기서는 노인을 가리킨다.
- 제휴(提携 tí xié) : 어른이 아이의 손을 잡아 이끌다. 여기서는 어린 아이를 가리킨다.

- 열(洌 liè) : 맑고 진하다. '청순(淸醇)'의 뜻이다.
- 산효(山肴 shān yáo) : 산이나 들에서 잡은 산짐승 고기. 肴(안주 효)
- 야속(野蔌 yě sù) : 산에서 나는 채소. 蔌(푸성귀 속)
- 진(陳) : 진열하다. 나열하다.
- 감(酣) : 얼큰하게 술을 마시다. 酣(즐길 감)
- 사(射) : 투호(投壺)놀이를 하다.
- 혁(弈 yì) : 바둑을 두다. 弈(바둑 혁)
- 굉(觥 gōng) : 술잔. 觥(뿔잔 굉)
- 주(籌 chóu) : 투호 살. 籌(투호 살 주)
- 굉주교착(觥籌交錯) : 술잔과 산가지가 뒤섞이다. 곧 성대한 술자리를 말한다.
- 훤화(諠譁) : 시끄럽게 떠들다
- 창안(蒼顔) : 창백한 얼굴. 늙어서 야윈 얼굴.
- 퇴연(頹然) : 술에 취해 비틀거리는 모습.

已而夕陽在山, 人影散亂, 太守歸而賓客從也. 樹林陰翳, 鳴聲上下, 遊人去而禽鳥樂也. 然而禽鳥知山林之樂, 而不知人之樂. 人知從太守遊而樂, 而不知太守之樂其樂也. 醉能同其樂, 醒能述以文者, 太守也. 太守謂誰? 廬陵歐陽修也.

어느덧 저녁 해가 서산에 기울고 사람들의 그림자가 어지럽게 흩어지니, 이는 바로 태수가 돌아가자 빈객들이 따라서 돌아가는 모습이다.

숲속의 나뭇잎이 무성하여 그늘지고 새소리가 도처에서 들리니, 이는 놀던 사람들이 떠나가자 새들이 즐거워하는 모습이다.

하지만 새들은 숲속의 즐거움은 알되 사람들의 즐거움은 알지 못하며, 사람들은 태수를 좇아 노니는 즐거움은 알되 태수가 그들의 즐거움을 즐기는 것은 알지 못한다.

술에 취하여 능히 그 즐거움을 함께 하고, 술에서 깨어나 능히 이 일을 문장으로 서술한 자는 태수이다. 태수는 누구인가? 바로 여릉인(廬陵人) 구양수(歐陽修)이다.

주해

- 이이(已而) : 어느덧. 머지않아.
- 음예(陰翳) : 나뭇잎이 무성하여 그늘진 모습. 翳(그늘 예)
- 명성상하(鳴聲上下) : 새가 도처에서 지저귀다.
- 낙기락(樂其樂) : 그들이 즐거워하는 모습을 즐거워하다.
- 위(謂) : ~이 되다. ~이다.
- 여릉(廬陵) : 여릉군(廬陵郡). 송대(宋代)에는 길주(吉洲)라 불렀는데, 지금의 강서성(江西省) 길안시(吉安市)를 말한다. 구양수(歐陽修)의 집안은 여릉의 세족(世族)이다.

16. 전적벽부(前赤壁賦)[31]

소식(蘇軾)

壬戌之秋, 七月既望, 蘇子与客泛舟, 遊于赤壁之下. 清風徐来, 水波不興. 擧酒屬客, 誦明月之詩, 歌窈窕之章. 少焉, 月出於東山之上, 徘徊於斗牛之間. 白露横江, 水光接天. 縱一葦之所如, 陵萬頃之茫然. 浩浩乎如憑虛御風, 而不知其所止; 飄飄乎如遺世獨立, 羽化而登仙.

임술년(1082) 가을 7월 16일, 나는 벗들과 함께 배를 띄워 적벽(赤壁) 아래에서 노닐었다. 맑은 바람이 서서히 불어오고 물결은 일지 않았다. 술잔을 들어 벗들에게 권하며 〈월출(月出)〉 시 가운데 '요조(窈窕)'의 장(章)을 노래하였다.

얼마 후 달이 동산 위에 떠올라 북두성과 견우성 사이를 배회하였다. 자욱한 안개는 강 위를 가로지르고, 물빛은 하늘 끝과 맞닿아 있다. 일엽편주(一葉片舟) 작은 배가 가는 대로 몸을 맡기고, 만경창파(萬頃蒼波) 아득한 물결 위를 넘나들었다.

---

31) 〈전적벽부〉는 소식(蘇軾)이 송(宋) 신종(神宗) 원풍(元豐) 5년(1082) 황주(黃州, 지금의 호북성 黃岡)에 유배되어 있을 때, 친구들과 함께 밤에 적벽에서 뱃놀이를 한 감회를 기록한 것이다.

광대무변한 허공에 의지하여 바람을 타고 다니며 그 머물 곳을 알 수 없는 것 같고, 이리저리 떠다니며 세상을 버리고 홀로 우뚝 서서 날개 돋은 신선(神仙)이 되어 하늘로 오르는 것 같았다.

주해

- 임술(壬戌) : 송 신종(宋 神宗) 원풍(元豐) 5년(1082).
- 기망(旣望) : 음력 16일. 음력 매월 15일을 망일(望日)이라하고, 16일을 '기망(旣望)'이라 한다.
- 소자(蘇子) : 소식(蘇軾).
- 적벽(赤壁) : 지금의 호북성(湖北省) 적벽시(赤壁市) 서북쪽에 해당하며, 장강(長江) 남쪽 기슭에 우뚝 서 있다. 산의 바위가 붉은색을 띠고 있어 '적벽'이라고 부른다. 삼국시대(三國時代)에 적벽대전(赤壁大戰)이 일어난 곳이다.
- 촉객(屬客 zhǔ kè) : 손님에게 술을 권하다. '촉(屬)'은 '따르다', '기울이다'는 뜻이다. '촉객(屬客'은 '권주(勸酒)'와 같다. 屬(따를 촉)
- 명월지시(明月之詩) : 《시경(詩經)·진풍(陣風)·월출(月出)》에 "달빛이 희고 밝게 빛나니, 아름다운 임의 모습 같구나. 아리따운 그 걸음걸이, 내 마음은 시름에 겹네.(月出皎兮, 佼人僚兮, 舒窈糾兮, 勞心悄兮.)라는 내용이 있다. '요규(窈糾)'는 '요조(窈窕)'와 같다.
- 소언(少焉) : 얼마 안 있어. 이윽고.
- 두우(斗牛) : 별자리 이름. 두수(斗宿)와 우수(牛宿)를 말한다.
- 일위(一葦 yī wěi) : 작은 배를 의미한다. 葦(갈대 위) 《시경(詩經)·위풍(衛風)·하광(河廣)》에 나온다. "誰謂河廣, 一葦杭(航)之."
- 소여(所如) : 가는 대로. '여(如)'는 가다.
- 능만경지망연(凌萬頃之茫然) : 만경창파의 아득한 물결을 헤치고 가다. '능(凌)'은 넘어가다, '만경(萬頃)'은 지극히 넓은 수면, '망연(茫然)'은 멀고 아득한 모양을 말한다.
- 호호(浩浩) : 물의 기세가 성한 모양. 광대무변(廣大無邊)한 모양.

- 빙허어풍(憑虛御風) : 허공에 기대어 바람을 타고 가다. '빙허(憑虛)'는 '능공(淩空)'과 같다. 《장자(莊子)·소요유(逍遙遊)》에 나온다. "夫列子禦風而行, 泠然善也." 憑(기댈 빙) 御(부릴 어)
- 표표(飄飄) : 이리저리 떠다니는 모양. 바람이 부는 모양. '표박(漂迫)'과 같다.
- 유세(遺世) : 세상을 버리다. 속세를 떠나다. 遺(버릴 유)
- 우화이등선(羽化而登仙) : 날개가 돋아 신선이 되어 하늘에 오르다.

於是飮酒樂甚, 扣舷而歌之. 歌曰: "桂棹兮蘭槳, 擊空明兮泝流光. 渺渺兮予懷, 望美人兮天一方." 客有吹洞簫者, 倚歌而和之, 其聲嗚嗚然, 如怨如慕, 如泣如訴; 餘音嫋嫋, 不絶如縷. 舞幽壑之潛蛟, 泣孤舟之嫠婦.
蘇子愀然, 正襟危坐, 而問客曰: "何爲其然也?"

이에 술을 마시고 흥취가 일어나자 뱃전을 두드리며 노래를 불렀다.

"계수나무 긴 노와 목란나무 삿대로 달빛 아래 물결을 노 저으며 수면을 거슬러 올라간다. 아득한 내 마음이여, 미인을 바라보니 저 하늘 끝에 있네."

퉁소를 부는 객이 노래에 맞추어 연주하니, 그 소리가 슬프게 오열하는 듯, 원망하고 사모하는 듯, 울면서 하소연하는 듯하였다. 여운이 처절하고 길게 이어지고, 가는 실처럼 끊이지 않았다. 깊은 골짜기에 숨어 사는 교룡(蛟龍)을 춤추게 하고, 외로운 배에서 사는 과부를 흐느끼게 하였다.

내가 정색을 하고 옷깃을 여미며 단정하게 앉아 객에게 물었다. "통소 소리가 어찌하여 이렇게 구슬픈가?"

주해

- 구현(扣舷 kòu xián) : 뱃전을 두드리다. 곧 박자를 맞추는 것을 말한다. 舷(뱃전 현)
- 계도(桂棹) : 계수나무로 만든 노(櫓).
- 난장(蘭槳) : 목련나무로 만든 삿대.
- 공명(空明) : 수면 위로 비추는 달빛.
- 소(泝 sù) : 물결을 거슬러 나아가다.
- 묘묘(渺渺) : 아득히 먼 모양.
- 미인(美人) : 마음으로 그리는 이상. 훌륭한 군주(君主).
- 통소(洞簫) : 퉁소.
- 의가이화지(倚歌而和之) : 노래에 맞추어 퉁소를 불다.
- 오오연(嗚嗚然) : 슬프게 오열하는 모습. 嗚(흐느껴 울 오)
- 요요(嫋嫋 niǎo niǎo) : 처절하고 길게 이어지다. 嫋(예쁠 뇨)
- 유학(幽壑) : 깊은 골짜기. '심학(深壑)'과 같다. 壑(골짜기 학)
- 잠교(潛蛟) : 숨어 있는 교룡(蛟龍). 교룡은 뿔 없는 용을 말한다.
- 고주지이부(孤舟之嫠婦) : 의지할 곳 없이 작은 배에서 외롭게 지내는 과부. '이부(嫠婦)'는 과부이다. 백거이(白居易)의 《비파행(琵琶行)》에 나온다. "去來江口守空船, 繞船月明江水寒. 夜深忽夢少年事, 夢啼妝淚紅欄干."
- 초연(愀然 qiǎo rán) : 정색을 하는 모양. 愀(정색할 초)
- 정금위좌(正襟危坐) : 옷깃을 여미고 단정히 앉다. 襟(옷깃 금)

客曰: "'月明星稀, 烏鵲南飛.', 此非曹孟德之詩乎? 西望夏口, 東望武昌, 山川相繆, 鬱乎蒼蒼, 此非孟德之困於周郎者乎? 方其破荊州, 下江陵, 順流而東也, 舳艫千里, 旌旗蔽空. 釃酒臨江, 橫槊賦詩, 固一世之雄也, 而今安在哉? 吾与子漁樵於江渚之上, 侶魚蝦而友麋鹿, 駕一葉之扁舟, 舉匏樽以相屬. 寄蜉蝣於天地, 渺滄海之一粟. 哀吾生之須臾, 羨長江之無窮. 挾飛仙以遨遊, 抱明月而長終. 知不可乎驟得, 託遺響於悲風."

객이 말하였다.

"'달은 밝고 별은 희미한데, 까막까치가 남쪽으로 날아가네.' 라고 했는데, 이는 조맹덕(曹孟德)의 시가 아닌가? 서쪽으로 하구(夏口)를 바라보고 동쪽으로 무창(武昌)을 바라보니, 산고 강이 서로 이어지고 초목은 푸르고 무성하다. 이곳이 바로 맹덕(孟德)이 주랑(周郎)에게 곤욕을 당했던 곳이 아닌가?

바야흐로 조맹덕이 형주(荊州)를 격파하고 강릉(江陵)으로 내려가 장강을 따라 동쪽으로 나아가는데, 전함의 대열이 천 리나 이어지고 군대의 깃발이 하늘을 가렸다. 강물을 굽어보고 술을 마시며, 긴 창을 비껴들고 시를 읊조렸다. 이렇듯 진실로 일세(一世)의 영웅이었거늘, 지금은 어디에 있는가?

하물며 그대와 나는 강가에서 물고기를 잡고 나무하며, 물고기와 새우를 짝하고 고라니와 사슴을 벗 삼아 지내노라. 일엽편주 작은 배를 타고서 표주박 술잔을 들어 서로 권한다. 마치 하루살이가 천지간에 기탁하는 것 같고, 망망대해 속에 떠다니는 좁쌀 한 알과 같구나.

우리 인생의 짧음을 슬퍼하고 장강(長江)의 무궁함을 부러워한다. 신선과 함께 손을 잡고 멀리 유람하며, 밝은 달을 안고서 영원히 함께 하고 싶도다. 그러나 이는 쉽사리 얻을 수 없음을 알기 때문에, 퉁소 소리의 여운을 슬픈 가을바람에 기탁한 것이오."

주해

- 월명성희(月明星稀) : 달이 밝으니 별빛이 희미해지다. 어진 사람이 나오니 소인들이 숨어버린다는 뜻이다.
- 오작(烏鵲) : 까마귀와 까치. 鵲(까치 작)
- 조맹덕(曹孟德, 155~220) : 조위(曹魏)의 태조(太祖) 무황제(武皇帝) 조조(曹操)를 말함. 조조의 자는 맹덕(孟德)이다.
- 하구(夏口) : 지명. 지금의 호북성(湖北省) 무한시(武漢市)에 있다.
- 무창(武昌) : 지금의 호북성(湖北省) 악주시(鄂州市)에 있다.
- 료(繆 miù) : 두르다. 에워싸다. 繆(얽을 무)
- 울호(鬱乎) : 초목이 무성한 모양. 鬱(무성할 울)
- 주랑(周郎, 175~210) : 삼국시대(三國時代) 오(吳)나라의 도독(都督)이었던 주유(周瑜)를 말함. 주유의 자는 공근(公瑾)이다.
- 축로천리(舳艫千里) : 전함(戰艦)이 앞뒤 천 리까지 이어져 있는 모양. '축(舳)'은 배의 꼬리이고, '로(艫)'는 뱃머리이다.
- 정기(旌旗) : 군대의 깃발. 旌(기 정)
- 시주(釃酒) : 술을 거르다. 釃(거를 시)
- 횡삭(橫槊) : 창을 비껴들다. '삭(槊)'은 여덟 자 되는 긴 창을 말한다.
- 미록(麋鹿) : 고라니와 사슴. 麋(큰사슴 미)

- 포준(匏樽) : 표주박으로 만든 술잔. 匏(박 포)
- 유부(蝣蜉 fú yóu) : 하루살이. 蝣(하루살이 유) 蜉(하루살이 부)
- 수유(須臾 xū yú) : 잠깐 동안, 눈 깜짝할 사이
- 오유(遨遊) : 노닐다. 유람하다.
- 취(驟 zhòu) : 갑자기, 쉽사리. 驟(빠를 취)
- 유향(遺響) : 퉁소 소리의 여운(餘韻)을 말한다.
- 비풍(悲風) : 가을바람[秋風]을 말한다.

蘇子曰: "客亦知夫水與月乎? 逝者如斯, 而未嘗往也; 盈虛者如彼, 而卒莫消長也. 蓋将自其變者而觀之, 則天地曾不能以一瞬; 自其不變者而觀之, 則物與我皆無盡也, 而又何羨乎! 且夫天地之間, 物各有主, 苟非吾之所有, 雖一毫而莫取. 惟江上之清風, 與山間之明月, 耳得之而爲聲, 目遇之而成色, 取之無禁, 用之不竭, 是造物者之無盡藏也, 而吾與子之所共食."

내가 말했다.

"그대도 저 강물과 달을 아는가? 흘러가는 것이 저 강물과 같지만 일찍이 가버린 적이 없으며, 차고 기우는 것이 저 달과 같지만 끝내 줄어들거나 늘어난 적이 없다.

대개 사물이 변화하는 측면에서 보면 천지간의 만물만사(萬物萬事)는 일찍이 한 순간도 변화하지 않은 적이 없으며, 사물이 변화하지 않는 측면에서 보면 만물과 우리는 모두 다함이 없으니, 또한 무엇을 부러워하겠는가? 또한 천지 사이에 만물은 제각기 주인이 있어, 만일 나의 소유가 아니면 비록 한 오라기 털끝이라도 취할 수 없다.

오직 저 강물 위에 부는 맑은 바람과 산 위에 뜨는 밝은 달은 귀로 들으면 아름다운 음악이 되고, 눈으로 보면 아름다운 경물이 된다. 이것들을 아무리 취해도 금할 수 없고, 아무리 써도 다함이 없으니, 이는 조물주가 내린 무궁무진한 보물창고요 그대와 내가 함께 향유할 수 있는 것이다."

주해

- 서자여사(逝者如斯) : 흘러가는 세월이 저 강물과 같다. '서(逝)'는 '왕(往)'과 같다. '사(斯)'는 물을 말한다. 《논어(論語)·자한(子罕)》에 나온다. "子在川上曰 : '逝者如斯夫, 不舍晝夜.'"
- 미상왕(未嘗往) : 일찍이 가버린 적이 없다.
- 영허(盈虛) : 달이 차고 기우는 것. 盈(찰 영) 虛(빌 허)
- 소장(消長) : 줄어들거나 늘어나다. '증감(增減)'과 같다.
- 조물자(造物者) : 천지자연(天地自然). 조물주(造物主).
- 무진장(無盡藏 wú jìn zàng) : 다함이 없는 보고(寶庫). 무궁무진한 보물창고.

客喜而笑，洗盞更酌．肴核既盡，杯盤狼籍，相與枕藉乎舟中，不知東方之既白．

객이 기쁘게 웃으며 잔을 씻어 다시 술을 따랐다. 고기안주와 과일은 이미 다 먹었고, 술잔과 쟁반들이 어지러이 흩어져있었다. 배 안에서 서로 베거나 깔고 잠을 자다가, 동쪽 하늘이 이미 밝아오는 줄도 알지 못하였다.

주해

- 경(更 gèng) : 번갈아. 교대로
- 효핵(肴核 yáo hé) : 고기안주와 과일. 肴(안주 효)
- 배반(杯盤) : 술잔과 쟁반.
- 낭자(狼藉 láng jí) : 어지럽게 흩어지다. 狼(이리 랑) 藉(깔개 자)《사기(史記)·골계열전(滑稽列傳)》에 나온다. "日暮酒闌，合尊促坐，男女同席，履舃交錯，杯盤狼藉."
- 침자(枕籍) : 베거나 깔고 잠을 자다.

17. 등태산기(登泰山記)[32]

요내(姚鼐)[33]

泰山之陽, 汶水西流. 其陰, 濟水東流. 陽谷皆入汶, 陰谷皆入濟. 當其南北分者, 古長城也. 最高日觀峰, 在長城南十五里.

태산의 남쪽에는 문하(汶河)가 서쪽으로 흐르고, 북쪽에는 제수(濟水)가 동쪽으로 흐른다. 남쪽 계곡의 물줄기는 모두 문하

---

32) 《등태산기(登泰山記)》는 동성파(桐城派) 산문이론의 집대성자인 요내(姚鼐)의 산수유기문(山水遊記文)이다. 건륭(乾隆) 39년(1764) 겨울 요내는 형부낭중(刑部郎中) 벼슬을 버리고 귀향하던 중, 당시 태안부(泰安府) 지부(知府)로 있던 친구 주효순(朱孝純)의 요청으로 태안현에 들렀다가 함께 태산을 유람했던 과정을 기술하였다.

33) 요내(姚鼐, 1731~1815) : 자는 희전(姬傳) 또는 몽곡(夢谷), 호는 석포(惜抱), 안휘성 동성인(桐城人)이다. 방포(方苞)·유대괴(劉大櫆)와 더불어 청대(淸代) 최대의 산문유파(散文類派)인 동성파(桐城派) 삼조(三祖) 중의 한사람이며, 동성파(桐城派) 산문이론의 집대성자이다. 청대 건륭(乾隆) 28년(1763)에 진사 급제, 병부주사(兵部主事)와 형부낭중(刑部郎中) 등을 역임했다. 일찍이 사고전서관(四庫全書館)의 편수관(編修官)을 지낸 후 벼슬을 사직하고 고향에 돌아가 매화(梅花)·종산(鍾山)·자양(紫陽)·경부사원(敬敷書院) 등지에서 전후 40여 년 동안 후진을 양성했다. 저서로 《석포헌전집(惜抱軒全集)》이 있고 《고문사류찬(古文辭類纂)》·《금체시초(今體詩抄)》 등을 편했다. 《청사고(淸史稿)》 권45에 전(傳)이 실려 있다.

로 흘러 들어가고, 북쪽 계곡의 물줄기는 모두 제수로 흘러 들어간다. 남쪽 계곡과 북쪽 계곡의 분기점은 바로 고장성(古長城)이다. 가장 높은 일관봉(日觀峰)은 고장성(古長城) 남쪽 십 오리에 위치해 있다.

주해

- 태산지양(泰山之陽) : 태산의 남쪽. '태산(泰山)'은 중국 오대명산(五大名山) 중의 으뜸으로 '동악(東岳)'이라 불리며, 지금의 산동성(山東省) 태안시(泰安市) 북쪽에 위치해 있다. '양(陽)'은 산의 남쪽을 말한다.
- 문수(汶水 wèn shuĭ) : 대문하(大汶河). 산동성 래무현(萊蕪縣) 동북쪽 산에서 발원하여 태안시를 지난다.
- 음(陰) : 산의 북쪽을 말한다.
- 제수(濟水) : '연수(沇水)'라고도 하는데, 하남성(河南城) 제원현(濟源縣) 부근의 왕옥산(王屋山)에서 발원하여 산동성 제남(濟南)을 지난다.
- 고장성(古長城) : 전국시대 제(齊)나라가 쌓은 장성(長城)을 말한다. 이 장성(長城)은 옛날 제(齊)나라와 노(魯)나라의 경계선이다.

余以乾隆三十九年十二月, 自京師乘風雪, 歷齊河′長清, 穿泰山西北谷, 越長城之限, 至于泰安. 是月丁未, 與知府朱孝純子潁由南麓登. 四十五里, 道皆砌石爲磴, 其級七千有餘.

건륭(乾隆) 39년(1774) 12월, 나는 경성(京城)에서부터 눈보라를 무릅쓰고 제하현(齊河縣)과 장청현(長淸縣)을 거쳐 태산 서

북쪽의 계곡을 지났으며, 다시 장성(長城)을 넘어 태안에 도착했다.

같은 달 28일, 나는 태안지부(泰安知府) 주자영(朱子穎)과 함께 태산 남쪽 산기슭에서부터 산에 올랐다. 사십 오리가 되는 산길을 오르는데, 모두 석판으로 만든 돌계단으로, 그 계단 숫자가 칠천여 개나 되었다.

주해

- 건륭(乾隆) : 청(淸) 고종(高宗)의 연호.
- 경사(京師) : '경성(京城)'이라고도 하는데, 청대의 수도 북경(北京)을 말한다.
- 승(乘) : '진(趁, chèn)'과 통하는데, '~을 무릅쓰다'의 뜻이다.
- 역제하장청(歷齊河長淸) : 제하현(齊河縣)과 장청현(長淸縣)을 지나다. '역(歷)'은 '경(經)'과 같다. '제하(齊河)'와 '장청(長淸)'은 모두 산동성 소재 현(縣)을 말한다.
- 한(限) : 경계선. 여기서는 성벽(城壁)을 말한다.
- 정미(丁未) : 정미일(丁未日). 곧 음력 12월 28일(1775)에 해당한다.
- 지부(知府) : 태안부(泰安府)의 지부(知府). '지부(知府)'는 부(府)의 최고 책임자이다.
- 주효순(朱孝純) : 자는 자영(子穎), 호는 해우(海愚), 건륭때 진사(進士)이다. 요내(姚鼐)의 친구로서, 당시 태안부(泰安府) 지부(知府)로 있었다. 시화(詩畫)에 능했으며, 저서로 《보선루시집(寶扇樓詩集)》이 있다.
- 등(磴 dēng) : 돌계단.
- 유(有) : 또. 또한. '우(又)'와 통한다.

泰山正南面有三谷，中谷繞泰安城下，酈道元[34]所謂環水也，余始循以入，道少半，越中嶺，復循西谷，遂至其巓．古時登山，循東谷入，道有天門．東谷者，古謂之天門溪水，余所不至也．今所經中嶺及山巓，崖限當道者，世皆謂之天門云．道中迷霧氷滑，磴幾不可登，及旣上，蒼山負雪，明燭天南．望晩日照城郭，汶水′徂徠如畵，而半山居霧若帶然．

태산의 정남쪽에 세 갈래 곡수(谷水)가 있고, 그 가운데 곡수(谷水)가 태안성을 휘감고 흘러가는데, 이것이 바로 역도원(酈道元)의 《수경주(水經注)》에서 말한 '환수(環水)'이다.

나는 처음에 이 가운데 곡수(谷水)를 따라 들어갔다. 소로(小路)를 따라 절반도 못가서 중령(中嶺)을 넘었고, 다시 서쪽 곡수(谷水)를 따라 걷다가 마침내 태산의 정상에 이르렀다.

옛날 태산에 오를 때는 동쪽 곡수(谷水)를 따라 산에 올랐는

---

34) 역도원(酈道元, 472~527) : 북위(北魏) 대표적인 지리학자로, 범양(范陽) 탁현(涿縣) 사람이다. 자는 선장(善長)이다. 역도원(酈道元)은 어려서부터 유람하기를 좋아하여, 관직에 몸담은 이후에도 각지를 유람하면서 지리(地理), 지모(地貌), 토양(土壤), 기후 등을 세밀히 관찰하다가 고대 지리서인《수경(水經)》에 직접 注를 달았다.《水經》에 기재된 대소(大小) 하천의 수는 원래 137조(條), 1만 여 자였는데,《水經注》는 대소(大小) 하천이 1,252조(條) 30여 만 자에 이르는 방대한 주석서가 되었다.

데, 도중에 천문(天門)이 있다. 이 동쪽의 곡수를 예전에는 "천문계수(天門溪水)"라고 불렀는데, 나는 그곳에 가보지 못했다.

방금 내가 지나온 중령(中嶺)과 산의 정상이 깎아지른 절벽이 되어 눈앞을 가로막고 있는데, 세간에서는 이것을 "천문(天門)"이라 부른다. 산길에는 운무가 자욱하고 얼어붙은 눈길은 몹시 미끄러워 돌계단을 거의 오를 수가 없었다.

마침내 산 정상에 오르자 푸른 산들이 온통 백설로 뒤덮였고, 눈빛이 훤히 남쪽 하늘을 비추고 있었다. 멀리서 바라보니 낙조가 태안성곽(泰安城郭)을 비추고 있고, 문수(汶水)와 조래산(徂徠山)은 그림처럼 아름다웠으며, 산허리에 머물러 있는 운무는 띠와 같았다.

주해

- 중곡(中谷) : 중간지점에 있는 곡수(谷水)를 말한다.
- 환수(環水) : '중계(中溪)' 또는 '소세하(梳洗河)'라고도 부른다. 《수경주(水經註)·문수(汶水)》에 "又合環水, 水出泰山南溪"라고 하였다.
- 순(循) : 따르다. 따라가다. '연(沿)'과 통한다.
- 중령(中嶺) : 곧 황현령(黃峴嶺) 또는 중계산(中溪山)을 말한다.
- 천문(天門) : 태산의 봉우리 이름.
  《산동통지(山東通志)》에 다음과 같은 기록이 있다.
  "泰山, 周回一百六十里, 屈曲盤道百餘, 逕南天門, 東西三天門, 至絶頂, 高四十餘里."
- 기(幾) : 거의. 가깝다.
- 촉(燭) : 비추다. '조(照)'와 같다.
- 조래(徂徠 cú lái) : 산 이름. 태안현 동남쪽 40리에 위치해 있다.

戊申晦五鼓, 與子潁坐日觀亭待日出. 大風揚積雪擊面. 亭東自足下皆雲漫. 稍見雲中白若樗蒱數十立者, 山也. 極天, 雲一線異色, 須臾成五彩. 日上, 正赤如丹, 下有紅光動搖承之, 或曰, 此東海也. 回視日觀以西峰, 或得日, 或否, 絳皓駁色, 而皆若僂.

무신(戊申) 이 날은 그믐인데, 오경(五更)이 되자 나는 자영(子潁)과 함께 일관정(日觀亭)에 앉아 일출(日出)을 기다렸다. 이 때 거센 바람이 불어와 쌓인 눈들이 얼굴에 휘몰아쳤다. 일관정 동쪽은 발아래에서 시작하여 운무가 천지에 가득했다.

어슴푸레한 구름 사이로 수십 개의 끝이 뾰족하고 새하얀 주사위 모양의 물건들이 모습을 드러내기 시작하였는데, 그것은 바로 산봉우리였다. 저 멀리 하늘 끝 구름 속에서 기이한 색채가 나타나더니 잠시 후에 오색 빛으로 변하였다.

마침내 태양이 떠올랐는데 주사(朱砂)처럼 순홍빛이었고, 그 아래로 붉은 빛이 태양을 따라 흔들거렸다. 어떤 사람은 저기가 동해라고 말했다. 고개 돌려 일관봉 서쪽의 산봉우리들을 바라보니, 어떤 봉우리는 태양이 비추었고 어떤 봉우리는 그러지 못했다. 붉은색과 하얀색이 서로 뒤섞여 모두 허리가 굽은 곱사등이와 같았다.

주해

- 무신(戊申) : 음력 12월 29일에 해당함.
- 오고(五鼓) : 오경(五更)과 같다. 새벽 3시에서 5시 사이를 말한다.
- 일관정(日觀亭) : 태산(泰山) 일관봉(日觀峰) 위에 있는 정자이름. 일출을 보는 명소로 유명하다.
- 저포(樗蒱 chū pú) : 옛날 주사위 놀음의 일종으로, '저포(摴蒱)'라고도 한다. 여기서는 도박도구를 가리키며 모두 다섯 개이므로 '오목(五木)'이라고도 부른다. 나무를 깎아서 만들며 양끝은 뾰족하고 중간은 넓고 평평하다. 한쪽은 하얀색을, 다른 한쪽은 검은색을 칠하여 세우면 마치 산봉우리와 같다.
- 수유(須臾 xū yú) : 찰나, 순간.
- 정적여단(正赤如丹) : 주사(朱砂)와 같은 순홍빛. '정적(正赤)'은 순홍색, '단(丹)'은 주사(朱砂)이다.
- 동해(東海) : 실제로 태산 정상에서는 동해를 바라볼 수 없으므로, 여기서는 다만 상상속의 동쪽바다를 말한다.
- 강호박색(絳皓駁色 jiàng hào bó sè) : 붉은색과 흰색이 서로 뒤섞여 있다. '강(絳)'은 진홍색, '백(皓)'은 하얀색이다.
- 루(僂 lóu) : 곱사등이. 일관봉(日觀峰) 서쪽의 봉우리들이 모두 일관봉보다 낮기 때문에 마치 허리를 구부려 예(禮)를 표하고 있는 것과 같다는 뜻이다.

亭西有岱祠, 又有碧霞元君祠. 皇帝行宮在碧霞元君祠東. 是日, 觀道中石刻, 自唐顯慶以來. 其遠古刻盡漫失. 僻不當道者, 皆不及往.

일관정 서쪽에는 동악대제(東岳大帝)에게 제사지내는 대사(岱祠)가 있고, 또 벽하원군(碧霞元君)을 모신 사당이 있다. 황제의 행궁(行宮)은 벽하원군(碧霞元君) 사당의 동쪽에 있다.

이날 길가에 세워진 석각(石刻)들을 살펴보았는데, 모두 당(唐)나라 고종(高宗) 현경(顯慶, 656~660) 이후에 세워진 것들이었다. 오랜 세월이 흘러 석각들은 모두 마모되었고 글자의 흔적도 모호했다. 길가가 아닌 외진 곳에 있는 석각들은 일일이 가서 볼 수가 없었다.

주해

- 대사(岱祠 dài cí) : 옛날 '동악대제(東岳大帝)'를 제사지내던 사당으로 '동악사(東岳祠)' 또는 '옥제사(玉帝祠)'라고도 한다. 태산(泰山)은 '대종(岱宗)'·'태악(泰岳)'·'태대(泰岱)'라고도 부른다.
  《수경(水經)·문수주(汶水注)》에 "《從征記》曰: 泰山有下中上三廟, 墻闕嚴整, 廟中柏樹夾兩階, 大二十餘圍, 蓋漢武所植也. …… 中廟去下廟五里, 屋宇又崇麗于下廟, 廟東西夾澗. 上廟在山頂, 卽封禪處也."라고 하였다.
- 벽하원군(碧霞元君) : 도교에서 동악대제(東岳大帝)의 딸을 말한다. 북송 진종(眞宗)황제 때 '천선옥녀벽하원군(天仙玉女碧霞元君)'으로 봉해진 후 '소응사(昭應祠)'를 세워 제사를 지내다가, 명(明)나라 이후에는 '벽하궁(碧霞宮)'으로 불렀다.
- 행궁(行宮) : 황제가 순유(巡遊)할 때 궁궐 밖에서 거처하던 곳. 청대(淸代) 성조(聖祖)와 고종(高宗) 때 세워졌다.
- 현경(顯慶) : 당(唐)나라 고종(高宗) 이치(李治)의 연호(656~660)이다.
- 만실(漫失) : 닳거나 손상되어 모호해진 상태를 말함.

山多石, 少土. 石蒼黑色, 多平方, 少圓. 少雜樹, 多松, 生石罅, 皆平頂. 氷雪, 無瀑水, 無鳥獸音迹. 至日觀數里內無樹, 而雪與人膝齊. 桐城姚鼐記.

산위에는 바윗돌들이 많았고 흙은 매우 적었다. 바윗돌들은 모두 청흑색을 띠고 있었는데, 대부분 평평하고 네모진 모습이었고 원형은 극히 드물었다. 잡목은 적었고 대부분 소나무들이 많았는데, 소나무들은 바위틈에서 자라나 나무 윗부분이 모두 평평했다.

산은 온통 눈과 얼음으로 뒤덮였고, 폭포수가 없었으며, 조수(鳥獸)의 울음소리나 발자취도 보이지 않았다. 일관봉 부근 몇 리 안에는 수목이 자라지 못했고, 적설만이 사람의 무릎까지 닿았다.

동성인(桐城人) 요내(姚鼐)가 쓰다.

주해

- 석하(石罅 shí xià) : 돌 틈. 罅(틈 하)
- 평정(平頂) : 끝부분이 평평한 소나무를 말함.
- 빙설(氷雪) : 산 정상이 온통 얼음과 눈으로 뒤덮인 것을 말함.

찾아보기